19,80

texthinweis: titel der amerikanischen originalausgabe
jim morrison, the lords and the new creatures — poems
published by simon and schuster, new york

© 1969, 1970 by james douglas morrison
© für die vorliegende ausgabe (graphische gestaltung und einleitung)
by karin kramer verlag berlin
1000 berlin-neukölln (44) braunschweiger str. 22
postfach 106
gesamtherstellung: offsetdruckerei dieter dressler, berlin
satz: volker bruns, berlin

zweite lizenzausgabe mit freundlicher genehmigung des verlages 2001,
6000 frankfurt am main

isbn 3 – 87956 – 078 – 1

jim morrison

die herren
und
die neuen geschöpfe

herausgegeben und übersetzt
von
reinhard fischer & werner reimann

karin kramer verlag berlin

inhalt

seite

jim morrison

die herren / noten zum sehen   5

die neuen geschöpfe   89

eine biographische skizze
jim morrison — ein selbstbewußter künstler
mit der seele eines clowns   139

anmerkungen   165

der amerikanische originaltext   168
Jim Morrison
The Lords and The New Creatures

**die herren /
noten zum sehen**

sieh, wo wir anbeten.

wir alle leben in der stadt.

die stadt bildet häufig räumlich, aber unentrinnbar seelisch einen kreis. ein Spiel. einen ring des todes mit sex im mittelpunkt. fahr ans ende der vorstädte. am rand entdecke zonen raffinierten lasters und langeweile, kinderprostitution. aber in dem schmierigen ring, der unmittelbar das geschäftsviertel des tages umgibt, existiert das einzig wirkliche massenleben unseres grabhügels, das einzige straßenleben, nachtleben. kranke kerle in billigen hotels, schäbigen pensionen, bars, pfandhäusern, varietés und bordellen, in verfallenden arkaden, die niemals sterben, in den endlosen straßen der nachtkinos.

der tod des spielens ist das Spiel.
der tod des liebens ist der Höhepunkt.

alle spiele enthalten den gedanken des todes.

bäder, bars, das schwimmbecken. unser verletzter führer hingestreckt auf den schwitzenden fliesen. chlor in seinem atem und in seinem langen haar. geschmeidiger, doch verkrüppelter körper eines mittelgewichtskämpfers. neben ihm der verläßliche journalist, der vertraute. er hatte gern männer um sich, die zu leben verstanden. aber die meisten von der presse waren blutsauger, die in die szene einfielen für des neugierigen amerikas selbstgefälligkeit. kameras im sarg interviewen würmer.

felsen im schatten umzudrehen und seltsame würmer darunter bloßzulegen bedeutet: zu morden. die leben unserer unzufriedenen wahnsinnigen sind offenbart.

die kamera, als alles sehender gott, befriedigt unser verlangen nach allwissenheit. andere zu spähen, aus dieser höhe und diesem winkel: fußgänger gehen hinein in unser objektiv und hinaus wie seltene wasserinsekten.

kräfte des yoga. sich selbst unsichtbar oder klein machen. gigantisch werden und die entferntesten dinge greifen. den lauf der natur ändern. sich selbst irgendwo in raum oder zeit bringen. die toten herbeizitieren. die sinne erheben und unzugängliche bilder wahrnehmen, von geschehnissen in anderen welten, in der eigenen verborgenen seele oder in den seelen anderer.

des scharfschützen flinte ist eine verlängerung seines auges. er tötet mit verletzendem blick.

der attentäter (?), auf der flucht, strebte mit unbewußter, instinktiver insektenleichtigkeit, mottengleich, zu einer zone von sicherheit, zufluchtsort vor den wimmelnden straßen. schnell war er verschlungen in dem warmen, dunklen, stillen magen des physischen theaters.

moderne kreise der hölle: oswald (?) tötet den präsidenten.
oswald im taxi. oswald hält am logierhaus.
oswald steigt aus. oswald erschießt polizist tipitt.
oswahl ohne jacket. oswald ist gefangen.

er entkam in ein kino.

im mutterleib sind wir blinde höhlenfische.

alles verschwommen und schwindelnd. die haut schwillt, und es gibt keinen unterschied mehr zwischen den teilen des körpers. ein anmaßendes dröhnen drohender, spottender, monotoner stimmen. furcht und verlangen, verschlungen zu werden.

im traum, knöpfe schlaf um deinen körper wie einen handschuh. frei
nun von raum und zeit. frei, sich aufzulösen im strömenden sommer.

schlaf ist ein unterweltlicher ozean, in den man eintaucht jede nacht.
im morgen, erwach triefend, nach atem ringend, mit stechenden augen.

das auge sieht gemein aus
in seiner häßlichen muschel.
komm heraus ins freie
und zeig deinen Glanz.

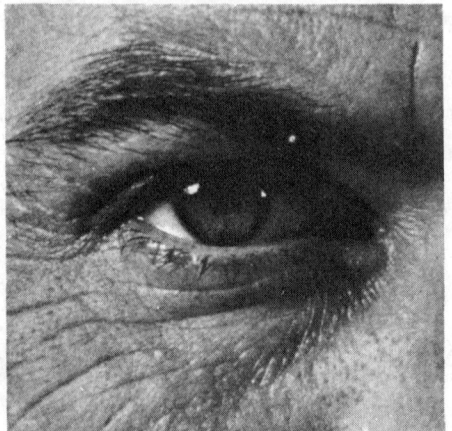

nichts. die luft draußen
brennt in meinen augen.
ich werde sie rausreißen
und das brennen los sein.

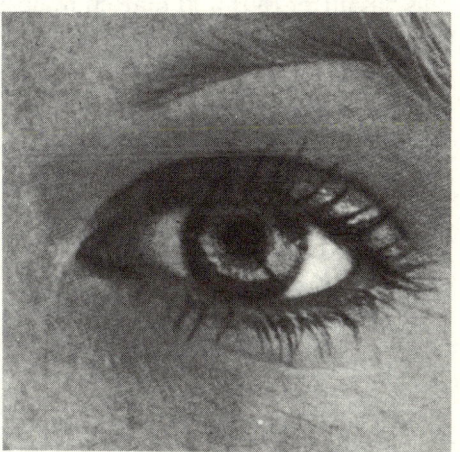

sengend heißes weiß
Stadtmittag
die bewohner des seuchengebiets
siechen.

(santa anas sind winde aus wüsten.)

reiß das gitter raus und platsch in gossen.
die suche nach wasser, feuchtigkeit,
der "nässe" des schauspielers, liebhabers.

"spielende" — das kind, der schauspieler und der spieler. der zufall gehört nicht zur welt des kindes und des primitiven. auch der spieler fühlt sich im dienste einer fremden macht. im zufall überlebt die religion in der modernen stadt, wie im theater, öfter jedoch im kino, die religion der besessenheit verkörpert ist.

welch opfer, um welchen preis kann die stadt geboren werden?

es gibt keine "tänzer" mehr, keine besessenen.
die spaltung der menschen in schauspieler und zuschauer ist die
entscheidende tatsache unserer zeit. wir sind besessen von helden, die
für uns leben und die wir strafen. wenn all die radios und fernseher
ihrer stromquellen beraubt, alle bücher und gemälde morgen verbrannt,
alle shows und kinos geschlossen würden, all die künste der stellvertretenden existenz...

auf der suche nach sensationen sind wir zufrieden mit dem "gegebenen".
wir sind verwandelt worden von einem wahnsinnigen auf berghängen
tanzenden körper in ein augenpaar, das ins dunkel starrt.

nicht einer der gefangenen gewann sein sexuelles gleichgewicht zurück. depressionen, impotenz, schlaflosigkeit... erotische zerstreuung in sprachen, lesen, spielen, musik und gymnastik.

die gefangenen bauten sich ein eigenes theater. das zeugte von einem unglaublichen übermaß an muße. ein junger seemann, den man in frauenrollen zwang, wurde bald zum "stadt"-schätzchen, denn zu der zeit nannten sie sich stadt und wählten einen bürgermeister, die polizei und stadträte.

im alten rußland gewährte der zar alljährlich — zwielistig wie er oder einer seiner berater war — je einem sträfling aus jedem seiner gefängnisse eine woche freiheit. die wahl wurde den gefangenen selbst überlassen, und sie entschieden die wahl unterschiedlich. manchmal durch abstimmung, manchmal durch das los, oft durch gewalt. es war offenkundig, daß der erwählte ein mann von magie und männlichkeit, mit erfahrung und vielleicht erzählerischem können, ein mann der möglichkeit sein mußte, kurzum: ein held. aussichtslose situation im augenblick der freiheit, vergebliche auswahl, definieren unsere welt in ihren erschütterungen.

ein raum bewegt sich über eine landschaft, den geist entwurzelnd, erstaunliche vision. ein grauer film schmilzt aus den augen und rinnt die wangen hinab. abschied.

modernes leben ist eine reise mit dem auto. die Reisenden verändern sich schrecklich in ihren stinkend feuchten sitzen oder streifen von auto zu auto, unaufhörlicher verwandlung unterworfen. unvermeidlicher fortschritt auf den anfang zu (es gibt keinen unterschied zwischen den endstationen), während wir städte zerschneiden, deren zertrennte rückseiten ein sich bewegendes bild von fenstern, schildern, straßen, gebäuden darbieten. manchmal reisen andere fahrzeuge, geschlossene welten, vakua nebenher, um nach vorn zu fahren oder völlig zurückzufallen.

zerstöre dächer, mauern, schau in alle räume zugleich.

aus der luft fingen wir götter, mit der götter allwissendem blick, aber ohne ihre macht in den seelen und städten zu sein, sowie sie darüber fliegen.

30. juni. auf dem sonnendach. er erwachte plötzlich. in jenem augenblick kroch oben lautlos ein jet vom flugstützpunkt. am strand versuchen kinder in seinen schnellen schatten zu springen.

der vogel oder das insekt verirrt sich in ein zimmer und kann das
fenster nicht finden. weil sie keine "fenster" kennen.

wespen, im fenster schwebend,
Exzellente tänzer,
einzeln, scheuen doch
unser zimmer.

räume sind schnürende netze
in dem grünen licht
des schwellenden fleisches
lies der liebe sätze.

als die menschen gebäude erdachten,
und sich selbst in kammern einschlossen,
erste bäume und höhlen.

(fenster gewähren durchsicht,
spiegel einsicht.)

du gehst nie durch spiegel
und schwimmst nie durch fenster.

heile blindheit mit einer hure speichel.

in rom wurden prostituierte auf den dächern oberhalb der öffentlichen straßen zum zweifelhaften wohl von strömen verrohter männer zur schau gestellt, deren latente gier die zerbrechliche ordnung der macht gefährdete. es wird sogar berichtet, daß patrizierinnen manchmal sich selbst, maskiert und nackt, diesen entbehrenden augen anboten, um sich zu erregen.

mehr oder weniger kranken wir alle an der psychologie des voyeurs. nicht in einem strikt klinischen oder kriminellen sinn, aber in unserer ganzen körperlichen und emotionalen haltung vor der welt. wann immer wir diesen zauber der passivität zu brechen suchen, werden unsere aktionen grausam und unbeholfen und gemeinhin obszön, wie ein invalide, der vergessen hat, wie zu gehen sei.

der voyeur, der gucker, der spanner ist ein zwielichtiger komödiant. er ist abstoßend in seiner dunklen anonymität, in seinem geheimen eindringen. er ist bemitleidenswert allein. aber, seltsamerweise, ermöglicht ihm eben diese stille und verborgenheit zum unbekannten partner jedermanns zu werden im bereich seiner augen. dies ist seine drohung und macht.

es gibt keine glashäuser. die vorhänge sind zugezogen und das "wirkliche" leben beginnt. einige handlungen sind unmöglich im freien. und diese geheimen vorgänge sind des voyeurs spiel. er macht sie ausfindig mit den unzähligen armeen seiner augen — wie die vorstellung des kindes von einer gottheit, die alles sieht. "alles?" fragt das kind. "ja, alles", antworten sie, und das kind muß sich mit dieser göttlichen zudringlichkeit messen.

"Ist es wahr, daß der liebe Gott überall zugegen ist?" fragt ein kleines Mädchen seine Mutter: "aber ich finde das unanständig."

der voyeur ist ein masturbator, der spiegel sein abzeichen,
das fenster seine beute.

dränge auf einigumg mit dem "Draußen", saug es auf, hol es nach innen. ich komm nicht heraus, du mußt zu mir hereinkommen. in mein mutterhöhlenparadies, aus dem ich herausgucke. wo ich ein universum in der hirnschale errichten kann, um mit der wirklichkeit zu wetteifern.

sie sagte: "deine augen sind immer schwarz." die pupille öffnet sich und ergreift das imaginierte objekt.

bilder sind aus dem verlust geboren. dem verlust der "freundlichen weite". die brust ist zurückgezogen, und das gesicht drängt seine kalte, neugierige, wuchtige und unergründliche gegenwart auf.

du darfst dich des lebens erfreuen von weitem. du darfst dinge betrachten, aber sie nicht schmecken. du darfst die mutter nur mit den augen liebkosen.

du kannst diese phantome nicht berühren.

französisches kartenspiel. einsamer kartenstreichler. er gab sich selbst ein blatt. wende standfotos der vergangenheit in nichtendenden vertauschungen, mische und beginn. sortiere die bilder wieder. und sortiere sie wieder. dies spiel offenbart keime von wahrheit, und tod.

die welt wird zum scheinbar unendlichen, doch vielleicht endlichen kartenspiel. bildkombinationen, vertauschungen enthalten das weltspiel.

eine milde besessenheit, ohne risiko, zutiefst steril. ein bild schützt vor gefahr.

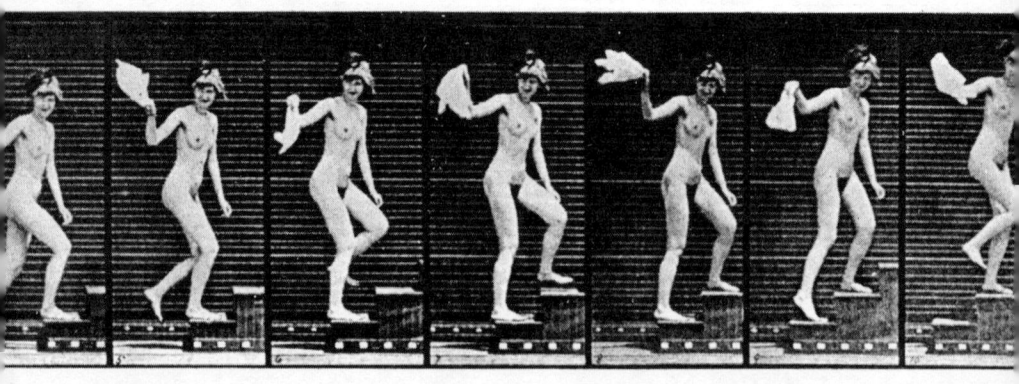

muybridge erhielt seine tiermodelle vom zoologischen garten philadelphia, seine männlichen akteure waren von der universität. die frauen waren erfahrene künstlermodelle, auch schauspielerinnen und tänzerinnen, die nackt vor den 48 kameras paradierten.

filme sind sammlungen toter bilder, die künstlich befruchtet worden sind.

filmzuschauer sind stille vampire.

kino ist die totalitärste der künste. alle energie und empfindung wird in den schädel eingesogen, eine gehirnerektion, blutgeschwollener schädel. caligula wünschte sich einen einzigen nacken für all seine untertanen, damit er ein königreich mit einem schlag enthaupten könne. kino ist dieser umformende agent. der körper existiert um der augen willen; er wird zum trockenen stiel, der diese zwei weichen, unersättlichen juwele stützt.

film verleiht eine art falscher ewigkeit.

jeder film hängt von all den anderen ab und treibt dich weiter zu anderen. kino war eine neuheit, ein wissenschaftliches spielzeug, bis eine ausreichende menge von werken vorhanden war, genug um eine zeitweilige andere welt zu erschaffen, eine mächtige, unendliche mythologie, in die man nach belieben eintaucht.

filme nähren die illusion der zeitlosigkeit durch ihr regelmäßiges, unbezwingbares erscheinen.

die anziehungskraft des kinos liegt in der furcht vor dem tode.

im modernen osten entstehen die meisten filme. kino ist eine neue form einer sehr alten tradition — des schattenspiels. sogar ihr theater ahmt es nach. geboren in indien oder china, war die schattendarbietung auf das religiöse ritual ausgerichtet, verkettet mit feiern, in deren mittelpunkt die verbrennung der toten stand.

es ist falsch, anzunehmen, wie einige es getan haben, daß das kino den frauen gehöre. kino wurde von männern geschaffen zum trost von männern.

der besuch von schattenspielen war ursprünglich dem männlichen publikum vorbehalten. die männer konnten diese traumschauen von beiden seiten der leinwand verfolgen. als später frauen zugelassen wurden, durften sie nur das spiel der schatten sehen.

männliche genitale sind freche fratzen
sie formen dreieinigkeiten von dieben
und christussen
väter, söhne und geister.

eine nase hängt über eine mauer
und zwei halbe augen, traurige augen,
stumm und handlos, kreisen
in endlosen siegesrunden.

diese dürren und geheimen triumphe, erkämpft
in löchern und gefängnisgestempelt,
verherrlichen unsere mauern
und dörren unser sehen.

ein grauen vor leeren räumen
dies siegel auch auf unseren träumen.

kynastons braut
mag nicht erscheinen
aber der duft ihres fleisches
ist nie sehr fern

während einer vorführung in islington green warf die betrunkene menge die vorrichtung um. mayhew berichtete von dem schausteller und dessen gehilfen, die darin verbrannten.

1832 verblüffte gropius paris mit seinem pleorama.
das publikum wurde in die mannschaft eines schiffes verwandelt,
das in einer seeschlacht kämpfte.
feuer, kreischen, seeleute, ertrinken.

robert barker, ein edinburger künstler, wegen schulden im gefängnis, wurde von dem effekt eines sonnenstrahls, der durch das gitter seines zellenfensters fiel und durch einen brief, den er las, schien, so beeindruckt, daß dieses erlebnis ihn zur erfindung des **Panoramas** inspirierte, eine konkave, transparente ansicht der stadt.

diese erfindung wurde bald durch das **Diorama** ersetzt, das durch verschieben des raumes die illusion von bewegung hinzufügte. außerdem geräusche und neuartige lichteffekte. daguerres londoner diorama steht noch heute in regent's park, ein seltenes relikt, denn seitdem für diese vorführungen künstliche lichteffekte, erzeugt von lampen oder gasbrennern, immer unerläßlicher wurden, gerieten sie immer häufiger in brand.

phantasmagorien, laterna magica vorstellungen, spektakel ohne substanz. sie bewirkten eine vollständige erfahrung der sinne durch lärm, weihrauch, blitz, wasser. es mag eine zeit kommen, in der wir Wettertheater besuchen werden, um die empfindung des regens zu erinnern.

das kino hat sich auf zwei wegen entfaltet.

das eine ist spektakel. sein ziel gleicht dem der phantasmagorie, die schaffung einer totalen ersatzsinneswelt.

das andere ist guckkastenschau. sie beansprucht als ihr reich beides, die erotische und die nichtbeteiligte beobachtung wirklichen lebens, und imitiert das schlüsselloch oder das fenster des voeurs, ohne farbe, geräusch, größe zu benötigen.

kino entdeckt die zärtlichste verwandtschaft nicht mit malerei, literatur oder theater, sondern mit den populären zerstreuungen — comics, schach, französischen spielkarten, tarot, zeitschriften und tätowierungen.

kino hat seinen ursprung nicht in der malerei, literatur, skulptur, im theater, sondern in uralter volkstümlicher zauberei. es ist die zeitgenössische manifestation einer sich entfaltenden geschichte von schatten, eine lust an sich bewegenden bildern, ein glaube an magie. um seinen stammbaum winden sich seit alters her priestertum und hexerei, ein zitieren von phantomen. mit, anfangs, nur leichter hilfe des spiegels und des feuers beschworen die menschen dunkle und geheimnisvolle besuche herauf aus regionen der begrabenen seele. in diesen séancen sind schatten geister, die das böse abwehren.

der zuschauer ist ein sterbendes tier.

beschwöre, besänftige, verjage die Toten. nächtens.

durch bauchreden, gesten, rituelles hantieren und die fremdartigsten körperhaltungen signalisierte der schamane einem publikum seine "reise", das so an ihr teilhatte.

in der séance. der schamane führt. eine sinnenpanik, überlegt
hervorgerufen durch drogen, gesänge, tanzen, schleudert den
schamanen in trance. veränderte stimme, krampfartige bewegungen.
er agiert wie ein wahnsinniger. diese versierten hysteriker, ausgewählt
gerade wegen ihrer psychotischen neigung, wurden einst hochgeschätzt.
sie vermittelten zwischen mensch und geisterwelt. ihre geistigen reisen
waren die crux des religiösen lebens des stammes.

grundsatz der séance: krankheit zu heilen. eine seltsame stimmung könnte ein volk ergreifen, das von vergangenen ereignissen niedergedrückt wird oder in einem öden landstrich dahinsiecht. sie suchen errettung vor verdammung, tod, schrecken. suchen besessenheit, erhoffen den besuch von göttern und mächten, eine zurückeroberung der lebensquelle von dämonischen besitzern. die heilung wird aus der ekstase gepflückt. heile krankheit oder beuge ihr vor, belebe die kranke und gewinne zurück die gestohlene seele.

es ist falsch, anzunehmen, daß kunst den zuschauer braucht, um zu sein. der film läuft weiter auch ohne augen. der zuschauer kann nicht ohne ihn existieren. er versichert ihn seiner existenz.

das happening/das ereignis, bei dem äther durch entlüftungsschlitze in einen raum voller leute geleitet wird, macht das chemikal zum akteur. sein agent, oder einführer, ist ein inszenierender künstler, der eine vorstellung gestaltet, um sich selbst zu bestätigen. die leute halten sich für das publikum, während sie gegenseitig für sich aufführen, und das gas stellt ihm eigene gedichte durch das medium des menschlichen körpers dar. dies nähert sich der psychologie der orgie, obgleich im bereich des Spiels und seinen unendlichen vertauschungen verbleibend.

das ziel des happenings ist, langeweile zu heilen, die augen zu waschen, kindliche verbindungen mit dem strom des lebens wiederherzustellen. sein mindestes, allgemeinstes ziel ist, die wahrnehmung zu reinigen. das happening versucht alle sinne zu verwickeln, den ganzen organismus, und totale antwort zu bekommen im gegensatz zu den traditionellen künsten, die sich auf engere einlässe der empfindung konzentrieren.

multimediashows sind unveränderbar traurige komödien. sie funktionieren wie eine art bunte gruppentherapie, eine jammervolle paarung von schauspielern und zuschauern, eine gegenseitige semimasturbation. die darsteller scheinen ihr publikum zu brauchen, und die zuschauer — die zuschauer würden das gleiche mäßige kitzeln in einer freak-show oder auf dem rummel und buntere, vollständigere vergnügungen in einem mexikanischen bordell finden.

novizen, wir beobachten die bewegungen von seidenraupen, die ihre
körper in feuchten blättern erregen und nasse nester aus haar und
haut weben.

das ist ein modell unserer ewig fließenden welt
knochen auflösend und mark schmelzend
poren öffnend so weit wie fenster.

in den alten gemeinwesen wurde der "fremde" als größte bedrohung empfunden.

verwandele. ein gegenstand wird von seinem namen, seinen verwendungen, beziehungen abgeschnitten. isoliert, wird er bloß das ding, an und für sich. wenn diese desintegration in reine existenz endlich erreicht ist, ist das objekt frei, um unendlich alles zu werden.

die person sagt: "ich sehe erst sehr viele dinge, die tanzen... dann verbindet sich alles allmählich."

das reine auge und die kamera geben uns objekte, wie sie in der zeit existieren. nicht verfälscht durch "sehen".

dann gibt es bis jetzt keine objekte.

frühe filmmacher, die — den alchimisten gleich — vergnügen fanden an einer vorsätzlichen dunkelheit über ihrer kunst, um ihre fertigkeiten profanen zuschauern vorzuenthalten.

trenne, reinige, vereinige. die formel der ars magna und ihres erben, des kinos.

die kamera ist eine androgyne maschine, eine art mechanischer hermaphrodit.

dann gibt es bis jetzt keine objekte.

frühe filmmacher, die — den alchimisten gleich — vergnügen fanden an einer vorsätzlichen dunkelheit über ihrer kunst, um ihre fertigkeiten profanen zuschauern vorzuenthalten.

trenne, reinige, vereinige. die formel der ars magna und ihres erben, des kinos.

die kamera ist eine androgyne maschine, eine art mechanischer hermaphrodit.

in seiner retorte wiederholt der alchimist die arbeit der natur.

nur wenige würden eine enge sicht der alchimie als "mutter der chemie" verteidigen und ihr wahres ziel mit dem der äußerlichen metallkünste verwechseln. alchimie ist eine erotische wissenschaft, vordringend zu verschütteten aspekten der wirklichkeit, und zielt auf reinigung und verwandlung allen seins und aller materie. nicht zu meinen, daß materielle operationen überhaupt verworfen werden. der adept hält fest an beidem, der mystischen und der physischen arbeit.

die alchimisten entdecken in der sexuellen aktivität der menschen eine entsprechung zur erschaffung der welt, zum wachsen der pflanzen und zu mineralen formationen. wenn sie die vereinigung von regen und erde sehen, sehen sie sie in einem erotischen sinne, als begattung. und dies erstreckt sich auf alle natürlichen bereiche der materie. denn sie können sich liebschaften von chemikalien und sternen, eine romanze zwischen steinen oder die fruchtbarkeit des feuers ausmalen.

die alchimisten erspürten seltsame, fruchtbare entsprechungen in unvergleichlichen ordnungen des seins. zwischen menschen und planeten, pflanzen und gesten, wörtern und wetter. diese beunruhigenden beziehungen: das schreien eines kindes und das streicheln von seide; die windung eines ohres und das erscheinen von hunden im hof; eine schlafende frau mit geneigtem haupt und der morgentanz von kannibalen; dies sind verbindungen, die die sterile botschaft jeder "gewollten" montage transzendieren. diese nebeneinanderstellungen von gegenständen, klängen, taten, farben, waffen, wunden und düften leuchten in einer unerhörten weise, unmöglichen weisen.

film ist nichts, wenn nicht eine illumination dieser kette des seins, die eine im fleisch schwebende nadel explosionen in einer fremden hauptstadt hervorrufen läßt.

kino bringt uns zurück zur anima, der religion der materie, die jedem ding seine besondere göttlichkeit gibt und götter in allen dingen und wesen sieht.

kino, erbe der alchimie, letzte einer erotischen wissenschaft.

umringt den kaiser des körpers.
bali bali tänzer
werden meinen tempel nicht zerstören.

entdecker
saugen augen in den kopf.

das rosige körperkreuz
verschwiegen im fließen
kontrolliert sein fließen.

ringer
im körpergewichtertanz
und musik, mimesis, körper.

schwimmer
unterhalten den embryo
süße gefährliche stoßflut.

die Herren. ereignisse geschehen jenseits unseres wissens oder unserer kontrolle. unsere leben werden für uns gelebt. wir können nur versuchen, andere zu knechten. aber allmählich werden spezielle sinne entwickelt. die idee von den "Herren" beginnt sich in einigen köpfen zu formen. wir sollten sie zu banden von wahrnehmenden zusammenstellen, um das labyrinth während ihres geheimnisvollen nächtlichen erscheinens zu durchreisen. die Herren kennen geheime eingänge, und sie wissen sich zu verkleiden. aber sie verraten sich auf unbedeutendere weise. zuviel licht im auge. eine falsche geste. ein flüchtiger blick, zu lang und seltsam.

die Herren beschwichtigen uns mit bildern. sie geben uns bücher, konzerte, galerien, shows, kinos. besonders die kinos. durch kunst verwirren sie uns und machen uns blind gegen unsere knechtschaft. kunst ziert unsere gefängnismauern, hält uns ruhig und zerstreut und gleichgültig.

träge löwen hingestreckt auf nassem strand.
das universum kniet an einem sumpf
und betrachtet neugierig seine eigenen rohen
posen des verfalls
in dem spiegel des menschlichen bewußtseins.

leerer und bevölkerter spiegel, absorbierend,
passiv, was auch hineinschaut
und bindet dessen interesse.

tür des durchgangs zur anderen seit',
die seele sich im schreiten befreit.

wende die spiegel zur wand
im haus der neuen toten.

die neuen geschöpfe

an pamela susan

I

schlangenhautjacke
indianische augen
der haare duft

er bewegt sich in aufgerührter
nilinsekten
luft

II

du stolzierst durch den sanften sommer
wir beobachten den verfall deiner gierigen büchse
deine wildnis
deine fruchtbare leere
bleiche wälder am rande des lichts
sinken.

mehr von deinen wundern
mehr von deinen magischen waffen

III

bitteres grasen auf kranken weiden
traurigkeit der tiere & das tagbett
peitschen.
aufgebrochene eiserne vorhänge.
die vollendete sonne schließt in sich
staub, messer, stimmen.

schrei in der Wildnis
schrei im fieber, empfange
die feuchten träume eines aztekenkönigs.

IV

die ufer sind hoch & und überwuchert
reich an warmer grüner gefahr.
sperre die kanäle auf.
bestrafe unsere kleine schwester für ihr süßes quälen.
sollen wir so sein wie die anderen?
betest du uns an?
wenn du zurückkehrst, wirst du
      noch mit uns spielen wollen?

V

fall nieder.
fremde götter erscheinen in schnellen feindesposen.
ihre hemden sind aus stoff und haar
        sich sanft miteinander vermählend.
entlang ihren armen verbergen
        ornamente venen blauer als blut
        beteuern willkommen.
sanfte eidechsenaugen sehen sich.
ihre sanft verschluckten insektenschreie wecken
        neue angst, wo ängste regieren.
das branden des sex gegen ihre haut.
jedes geräusch im wind verstummt.
präge dein zeugnis in den gepeinigten grund.

VI

wunden, böcke & pfeile
vermummt flitzende hufe stürzen
        nahe bei den friedlichen frauen.
starrer gehorsam überraschter teichmenschen.
erstaunliche höhlen zum ausplündern.
wilde, hektische plünderungsballette.
knaben rennen.
mädchen schreien, fallen.
dichte undurchdringliche rauchnebel.
tote knisternde drähte tanzen lachen
        von meeresblut.

VII

eidechsweib
mit deinen facettenaugen
mit deinem wilden erstaunen.
warme tochter der stille.
gift.
gleite herum in stöhnender weisheit.
augen, nicht blinzelnd, blind
      hinter mauern neue geschichten find,
die wecken knurrend & greinend
      die unheimliche dämmerung der träume.
hunde liegen schlafend.
der wolf heult.
ein geschöpf überlebt den krieg.
ein wald.
ein rascheln geschnittener wörter, erwürgter
fluß.

VIII

die schlange, die eidechse, das insekt beäugen
des jägers grünen gehorsam.
schnell, in roher zeit, dienend
        schlummer & verstohlenheit,
zerfressen warme wälder zu ruhlos verrottendem holz.

jetzt ins tal.
jetzt zum siruphaar.
in die augen stich, die himmel weiten sich
hinter dem schädelknochen.
geschwindes ende der jagd.
umarme die geschwollene, zerrissene brust
        & die rotgefärbte kehle.
die hunde glotzen.
sie ist tot.
trage den körper unserer schwester, zurück
zum boot.

ein paar Flügel
krach
höhenwinde des karma

sirenen

gelächter & junge stimmen
in den bergen.

heilige
der neger, afrika
trommeln
          augen wie zeit

errichte leichte wohnhäuser, spiel-
& schlafräume, spiele dort, verstecke dich.

der erste mensch stand, haltung verändernd
während keime des sehens
Flaggen in seinem schädel wehen ließen

leben atmend, haar, nägel, haut
verwandelten sich langsam, gewirbelt, in
dem warmen aquarium, warmes,
sich drehendes rad.

höhlenfische, aale & graue salamander
kehren ein in ihre nachtkarriere des schlafs.

der wurm hat keine vorstellung
von sehen. seine erde ist ein
ozean, sein körper ist sein auge.

die theorie besagt, daß die geburt vorangetrieben wird
durch den wunsch des kindes, den mutterleib zu verlassen.
aber auf fotografien zeigt sich, daß sich der nacken
eines ungeborenen pferdes einwärts preßt
bei sich höhlenden beinen.

hieraus folgt alles:

schlinge milch an der brust
bis da keine milch mehr ist.

quetsche reichtum am rande heraus
ehe kachelbecken ihn beanspruchen.

er schluckt samen, seinen stolz
bis mit blassen mundbeinen

sie die wurzel saugt, fürchtend,
die welt verschlingt das kind.

verschlingt mich nicht die erde,
wenn ich sterbe, oder das meer,
falls ich auf dem meer sterbe?

die stadt. Schwarm, Netz oder zerteilter
insektenhügel. alle einwohner sind erben desselben königlichen
elternteils.

die gekäfigte bestie, das heilige zentrum,
ein garten inmitten der stadt.

"neapel sehen & sterben"
springt von bord. ratten, seeleute
& tod.

so viele wilde tauben.
tiere wachsen mit neuen krank-
heiten.
"es gibt nur eine krankheit
und ich bin ihr katalysator",
schrie der verdammte stolz des überträgers.

kämpfen, tanzen, glücksspiele,
bars, kinos gedeihen
in dem gierigen sommer.

grausames schicksal

ein nacktes mädchen, rückansicht,

auf einer landstraße

freunde
erforschen das labyrinth

— film
 junge frau verlassen in der wüste

eine stadt im fieberwahn

schwestern des einhorns, tanzt
schwestern & brüder der Pyramide
tanzt

verstümmelte hände
erzählungen aus Alter Zeit
die entdeckung des Heiligen Teiches
verwandelt
stumm übergebene stille in babyschreien

der wilde hund
die heilige bestie

finde sie!

er besucht das mädchen
des ghettos.
dunkle, wüste straßen.
eine hütte, kerzenerleuchtet.
sie ist eine magierin
ein weiblicher prophet
eine hexe
gekleidet in vergangenheit
alles aufgereiht.

die sterne
der mond
sie liest die zukunft
in deiner hand.

die wände sind grell rot
die treppe
schrilles mißtönendes schreien
sie hat die andenken.
"du auch"
"geh nicht"
er flieht.
musik setzt ein.

der paarungsstollen.
"erlösung"
dazu versucht, im kreise zu springen.

negeraufruhr.

fürchte die Herren, die heimlich unter uns sind.
die Herren sind in uns.
geboren aus faulheit & feigheit.

er sprach zu mir. sein lachen
ängstigte mich. er nahm
meine hand & führte mich am
schweigen vorüber hinein in kühle,
flüsternde Glocken.

**eine rotte junger leute
durch ein kleines gehölz gehend**

sie filmen etwas
auf der straße, vor
unserem haus.

zum aufruhr gehen
breitet sich aus zu den häusern
den rasenflächen
   wimmeln jetzt plötzlich
   von menschen
   die rennen

ich begreif nicht, was sie ihr angetan haben
dem mädchen
elendes pack
sie singen wilde lieder
während sie ihre hände abhacken
genagelt an einen geister-
baum

ich sah ein lynchen
traf die fremden männer
         des südlichen sumpfes
sie sprachen über zypressen
fisch-ruf & vogel-lied
anfänge & zeichen
         jenseits allen wissens
sie waren zufällig dort
führer, zu den weißen
göttern.

ein gerüstetes lager.
armee armee
verbrennt sich selbst in
festen.

schakal, wir spüren nach den überlebenden von karawanen.
auf schlachtfeldern ernten wir blutiges korn.
unseren leeren mägen entgeht kein fleisch, kein leichnam.
der hunger treibt uns in die bahn wohlriechender winde.
fremder, reisender,
blicke in unsere augen & übersetze
das grauenhafte bellen urweltlicher hunde.

kamelkarawanen tragen
beweiswaffen zu cäsar.
horden kriechen & sickern in
die mauern. die straßen
fließen zu stein. das leben saugt
weiter den krieg auf. gewalt
zerstört den tempel sexueller reinheit.

schreckliche schreie eröffnen
      die reise
— wenn sie nur früher fortgezogen wären

— eine schrille, jammernde, scharfe,
  durchdringende, tierische wehklage
  von einer frau
  hoch oben auf einem bergturm

— dünner drahtzaun
  im geist
  das herz zerteilend

betrügerisch
lächeln sie
laden ein — lächeln
   choktai
   weiche!
   böses
   weiche!
   kommt nicht näher
   laßt sie!

ein geschöpf stillt
sein kind
sanfte arme um
den kopf & den nacken
ein mund als verbindung
laß das kind in ruhe
es gehört mir
ich bringe sie heim
zurück zum regen

des attentäters kugel
vermählt sich mit dem könig
meilen von luft ignorierend
um die krone zu küssen.
der prinz streift umher in blut.
ode an den hals
der gepflegt wurde
für des lustmords gewand.

krebsstadt
städtischer herbst
sommertraurigkeit
die autobahnen der alten stadt
geister in autos
elektrische schatten

ensenada
der reglose seehund
das hundekruzifix
geister des toten autos sonnen sich.
stopp das auto.
regen. nacht.
fühl.

meeresvogel meeresstöhnen
erdbeben rumoren
schnellbrennender weihrauch
tosende brandung
serpentinenstraße
zu den chinesischen höhlen
heimat der winde
die götter der trauer

die stadt schläft
& die unglücklichen kinder
streifen mit tierrotten umher.
sie scheinen zu sprechen
mit ihren freunden
den hunden
die ihnen fährten lehren.
wer kann sie fangen?
wer kann sie
hereinholen?

das zeltmädchen
um mitternacht
stahl sich zur quelle
& traf ihren liebsten dort
sie sprachen eine weile
& lachten
& dann ging er
sie preßte ein orangenes kissen
an ihre brust

gegen morgen
zog der anführer seine trupps zurück
& zeichnete eine karte
die reiter stiegen auf
die frauen zogen die seile
straff
die zelte sind zusammengelegt
wir marschieren zum meer

Katalog der Schrecken
beschreibungen von Naturkatastrophen
verzeichnisse der wunder im göttlichen korridor
katalog der fische im göttlichen kanal
katalog der gegenstände im zimmer
verzeichnis aller dinge im heiligen fluß

I

die sanfte parade hat begonnen
auf dem sonnenuntergangsboulevard.
autos kommen den cañon
heruntergedonnert.
jetzt ist die zeit & der ort.
die autos rollen ran.
"du hast 'nen heißen schlitten."
diese motorbestien
ein sanftes gespräch
murmelnd. eine freude
bei nacht
ihre ruhigen stimmen zu hören
nochmals
nach 2 jahren

nun hat die sanfte parade
schnell begonnen.
kühle teiche
eines müden landes
sinken nun
in den frieden des abends.

wolken schwächen
& sterben.
die sonne, ein orangener schädel,
flüstert leise, wird zur
insel & ist fort.

dort beobachten
sie
uns alles
wird dunkel sein.
das licht wechselte.
wachsam wir sind
knietief im schlagenden wind
und die schiffe ziehen vorüber
kähne im schlepp.
wieder mundfäule
in den lagern.
gonorrhöe
schick das mädchen nach hause
wir brauchen einen zeugen
für das töten.

II

die künstler der hölle
stellen staffeleien in parks auf
der schrecklichen landschaft,
wo bürger ängstliches vergnügen daran finden
von wilden jugendbanden ausgeplündert zu werden.

ich kann nicht glauben, daß sowas geschieht
ich kann nicht glauben, daß all diese leute
sich gegenseitig beschnüffeln
& sich abwenden
zähnegrinsend
mit gesträubtem haar, knurrend, hier in
dem geschlachteten wind

ich bin ein geister-killer.
und bezeuge allen
meine gesegnete erlaubnis

so ist es
kein spaß mehr
der tod aller freude
kam her.

wagst du es
meine macht
meine freundlichkeit
oder versöhnlichkeit
zu leugnen?
versuch es
du wirst braten
wie der rest
in heiligkeit

und nicht für 'nen
penny
werde ich
zeit haben
für euch
Geisterkinder
dort unten
in der furchterregenden welt

du bist allein
& brauchst niemand
du & die kindmutter
die dich entband
die dich entwöhnte
die dich zum manne machte

III

fotoautomat-killer
störanfälliger bandit
direkt aus dem hinterhalt

töte mich!
töte das kind, das gebar
dich.
töte den gedankenreizenden
senator der lust
der dich in diesen staat brachte.

töte haß
krankheit
krieg
traurigkeit

töte wahnsinn
töte schlechthin

töte mutter mörder baum stich
töte mich.
töte dich.
töten helfe die kleine blinde elfe.

das schöne ungeheuer
erbricht einen strom von uhren
standuhren juwelen messern silber-
münzen & kupferrotes blut

die quelle von zeit & leid
whiskeyflaschen parfüm
rasierklingen rosenkränze
flüssige insekten hämmer
& dünne nägel vogelfüße
adlerfedern & -krallen
maschinenteile chrom
zähne haar topf- &
schädelscherben die ruinen
unserer zeit die trümmer an
einem see die blinkenden
bierdosen & rost & zobel
menstrualer belag

tanze nackt auf gebrochenen
knochen füße bluten & flecken
glasschnitte übersäen deinen geist
& das trockene ende des vakuums
fahre boot, während die leute
angelschnüre in stille teiche senken
& urweltliche forellen hervorzerren

aus ihren tiefen höhlen. verkrustete
schuppen & leuchtendes grün
ein messer wurde gestohlen. ein
wertvolles jagdmesser.
von ein paar fremden jungen
aus dem anderen lager jenseits
des Sees

I

sind das unsere freunde
beben & rasen
durch die stillen täler des parlaments

mein sohn wird nicht in dem krieg sterben
er wird zurückkehren
erstarrte rauhe stimme eines orientalischen
fischers

letztes mal sagtest du
dies wäre der einzige weg
stimme eines zarten jungen mädchens

rennen & sprechen
vergiftetes grün
dschungel

befrage das orakel
bitterer fluß
kriech
sie leben von regenwasser

affenliebe
mantrasänger
brandybrenner

die gifteilande
das gift

nimm dies winzige körnchen
verdammter schlangenwurzel
von dem südlichen
gestade

unerhörtes wunder
wird dich finden

das mg blitzte auf
inneres klicken & gewiß
verfluchte sache, tickende
zeitbomben
in lepraländern
die verhungern
& sich ans gesetz klammern

bitte
zeig uns deinen zerfetzten kopf
& deine schlammigen, lächelnden augen
ruhig am feuer
ein seidenes, geblümtes hemd
säumt die augen, spinnen
ein netz, ferne
visage lügt

komm, sanfte
und wage das leben

schon fraulich
latent, ledern, lose
leitlos, luxuriös & lax
sie war der schrei eines königreichs
marschierende legionen lüsterner
männer

benimm dich
draußen in der gluthitze der
wüste
grenzenlose galaxien von staub
kaktusstacheln, perlen
bleichen steinen, flaschen
& verrosteten autos, gestapelt fürs pressen

der neue mann, zeitsoldat
bahnte sich seinen weg
durch die übervölkerten ruinen
der einstigen grabstadt, jetzt komisch
wirkend durch ihre ratten
& insekten der zuflucht

er lebt in autos
durchläuft erstarrend
eisige schulen
& findet keinen raum
im schatten des gehorsams

die monitoren sind zum schweigen gebracht
die mächtigen verkieselten wachtürme
verfallen auf dem westwärtigen strand
so müde des wachens

wenn nur ein pferd noch lebte
um durch die einöde zu reiten
einen hund an seiner seite
um jungfrauenfleisch zu wittern
gekettet an die öffentlichen pfähle

sprechen verstummt
in betten, bei nacht
das schwarze wird verbrannt
schau in die salons der stadt
wo eine frau tanzt
in einem europäischen kleid
zu den berühmten walzern
das wär ein spaß
ein ödland zu regieren

II

kirschrote palmen
schreckliche gestade
& mehr
& vieles mehr

eins wissen wir
alle sind frei
in den schulbuch-
texten der ketzer

täuschung lächelt
unglaubliche mühsal wird von jenen
ertragen, die dem zusammenbruch
nahe

alles wird vergehen
leg dich in weiches gras
& lächle & träume & staune
über ihre sanfte
ähnlichkeit
mit der paarungskönigin
die, so scheint's
verliebt ist
in den reiter

na, ist das nicht duftig
sir, ist das nicht schlau
mit einem eigensinnigen, gelassenen
rückwärts gewandten blick

24. juli 1968
los angeles, die vereinigten staaten, hawaii

jim morrison —
ein selbstbewußter künstler mit der seele eines clowns

I. sich widersetzen und sich fügen; anfänge

james douglas morrison wurde am 8. dezember 1943 in melbourne, florida (usa), geboren. er war der sohn des jungen aufstrebenden marineoffiziers george stephen morrison und dessen frau clara. sie hatten im april 1942 schnell geheiratet, kurz bevor steve morrison wieder in den krieg im pazifik gegen japan geschickt wurde. als er später, 1943, längere zeit in florida stationiert war, um eine flugausbildung zu absolvieren, wurde jim geboren. einige monate nach jims geburt mußte sein vater wieder zurück in den krieg im pazifik, wo er jetzt von einem flugzeugträger aus einsätze flog.

clara morrison zog mit ihrem sohn zu den schwiegereltern nach clearwater, einem kleineren ort in florida direkt am golf von mexiko, konservativ und viktorianisch. jim verbrachte hier seine ersten lebensjahre im zeichen der viktorianischen strenge seiner großeltern, die nur durch seine mutter gemildert wurde. 1946 wurde jims schwester anne geboren und drei jahre darauf sein bruder andy. gleich nachdem steve morrison aus dem krieg heimgekehrt war, begann für die morrisons ein unstetes wanderleben. der ehrgeizige marineoffizier wurde alle paar monate für neue militärische aufgaben im ganzen land geworben, und die familie folgte ihm, wohin er auch versetzt wurde. nicht ohne weigerungen. als jim und seine geschwister älter wurden, versuchten sie gemeinsam immer stärker sich den ständigen umzügen zu widersetzen, die jedesmal den verlust ihrer freunde und ihres vertrauten lebens bedeuteten.

MORRISON, GEORGE STEPHEN, naval officer; b. Rome, Ga., Jan. 7, 1919; s. Paul R. and Caroline (Hoover) M.; B.S., U.S. Naval Acad., 1941; m. Clara Clarke, Apr. 10, 1942; children—James Douglas (dec.), Anne Robin (Mrs. Alan Graham), Andrew Lee. Commd. ensign U.S. Navy, 1941, advanced through grades to rear adm., 1967; various assignments aboard ships and on land, 1941-53; naval laison officer Joint Operations Center, Korea, 1953-54; comdr. Fighter Squadron 112, 1954-55; exec. officer Naval Air Spl. Weapons Facility, 1955-57; assigned U.S.S. Midway, 1957-58, Office Chief Naval Operations, 1958-61; mem. staff comdr. Carrier Div. 5, 1961-62; comdr. U.S.S. Guadalupe, 1962-63; comdg. officer U.S.S. Bon Homme Richard, 1963-64; asst. chief staff for strategic naval plans to comdr. in chief U.S. Naval Forces, Europe, 1965-67; asst. comdr. logistics and fleet support Naval Air Systems Command Hdqrs., 1967-68; comdr. Carrier Div. 9, 1968-69; asst. dep. chief naval operations for surface Warfare Office Chief Naval Operations, 1969-72; comdr. U.S. Naval Forces Marianas, 1972—. Decorated Bronze Star with Combat V, Air medal (2), Legion Merit (2), numerous unit and area ribbons; Nat. Order Vietnam 4th class and Gallantry Cross with palm. Mem. Soc. Logistic Engrs. Home: Clearwater FL 33517 Office: Comdr US Naval Forces Marianas FPO San Francisco CA 96630

die extreme mobilität wurde zum hervorstechendsten kennzeichen der offiziersfamilie morrison. doch obwohl steve morrison seine frau und seine kinder überall hin folgen ließ, war die häusliche situation trotzdem durch die häufige absenz des vaters bestimmt. das haus und die erziehung der kinder waren in die obhut clara morrisons gegeben. ihr mann mischte sich da im einzelnen nicht ein, ja er fügte sich zu hause weitgehend seiner frau, gleichwohl er streng einige prinzipien vertrat, die er eingehalten und befolgt wissen wollte. die morrisons waren sich einig darüber, ihre kinder nach den traditionellen, konservativen vorstellungen der amerikanischen oberschicht zu erziehen. sauberkeit und eine gewisse disziplin waren unabdingbar. so herrschte einerseits durchaus strenge in der erziehung, die aber durch clara morrison insgesamt mehr die form liebevoller überbehütung und dauernder aufsicht annahm. beide waren sich auch darüber einig, ihre kinder nie zu schlagen. stattdessen sollten die kinder redend zur einsicht und zur anerkennung ihrer schuld bei vergehen gebracht werden. die morrisons sahen nicht, daß ihr verzicht auf körperliche züchtigung einer verschiebung der gewalt in ihre erzieherische rede gleichkam.

gegen ende der fünfziger jahre ließ sich die familie morrison in alexandria, virginia, nahe washington d.c., nieder. es war jims zehnter wohnsitz. er besuchte hier die george washington high school bis zu seinem examen im juni 1961.
jim war ein intelligenter und schwieriger schüler. er haßte disziplin und selbstkontrolle, und, wenn es darauf ankam, legte er sich auch mit seinen lehrern an. doch diese auseinandersetzungen und seine gelegentlichen provokationen überschritten nie die grenze zum unerträglichen. seine kleinen plumpen widerwärtigkeiten und seine intelligente opposition gefährdeten nie seinen verbleib auf der schule.
schwieriger als vielleicht für seine lehrer war es für seine mitschüler, mit jim zurechtzukommen. um nach jedem neuen ortswechsel seiner familie nicht zu vereinsamen, sondern rasch neue freunde zu finden, aufmerksamkeit auf sich zu ziehen, anerkannt zu werden, lernte und praktizierte er die strategie des auffallens. die verrücktesten dinge fielen ihm ein, gemeine und gefährliche. er führte das aus, was die anderen sich nicht trauten oder wovor sie angst hatten, aber doch hätten tun wollen. jim war mittelpunkt, aber ein mittelpunkt auf dem rand des kreises.
seinem streben nach anerkennung und aufnahme setzte er immer wieder auch seine weigerung und sein außenseitertum entgegen, was sich oft selbst wiederum in die paradoxe strategie des auffallens einpaßte. hier verband sich die einsamkeit des stets neuzugezogenen mit der einsamkeit des einzelgängers. jim füllte sie mit lesen, und er schrieb in notizbücher.

bei der abschlußfeier der high school fehlte jim. er weigerte sich einfach, daran teilzunehmen, was seinen streng auf konventionen bedachten vater in höchste wut versetzte. das zeugnis wurde zugeschickt schon vorher hatten ihn seine eltern am st. petersburg junior college in florida, nahe clearwater, dem wohnort seiner großeltern, zum studium eingeschrieben. jim hatte im augenblick wenig lust zu studieren, aber er fügte sich, und als der unterricht ein paar wochen später begann, war er zur stelle. er wohnte jetzt bei seinen großeltern. nach einem ereignislosen jahr wechselte jim im september 1962 zur florida state university nach tallahasse. er belegte kurse mit philosophischen, soziologischen und literaturwissenschaftlichen themen, las viel, schrieb weiterhin in seine notizbücher und besoff sich manchmal mit seinen mitstudenten. gemeinsam mit einem freund und einer freundin plante jim 1963 einen wechsel nach los angeles. er wollte endlich seinen lange gehegten wunsch, an der dortigen filmhochschule zu studieren, verwirklichen. sein vorhaben aber scheiterte vorerst am massiven einspruch seiner eltern. er blieb noch ein halbes jahr in florida, um dann doch im januar 1964 nach los angeles zu gehen und an der university of california, los angeles (ucla), film- und theaterwissenschaften zu studieren. an der filmhochschule befreundete sich jim morrison mit ein paar seiner mitstudenten, die seine philosophischen interessen, besonders für nietzsche, teilten. seine freunde waren sämtlich älter als er. mit ihnen diskutierte er nietzsche und stritt sich über psychoanalytische autoren, vergnügte und besoff sich, plante filme, und gemeinsam unternahmen sie ausflüge ins nahe mexiko, um sich grass und anderes zu besorgen. im mai 1965 schloß morrison sein studium ab. später sagte er einmal, daß er eigentlich nur deshalb studiert hätte, weil ihm nichts besseres eingefallen sei.

nach fünfzehnjähriger ununterbrochener schulzeit fühlte sich jim morrison jetzt zum ersten mal richtig frei. er plante, nach new york zu gehen, wußte aber noch nicht genau, was er anfangen würde. da erhielt er im juli eine ladung zur musterung für die armee. einem ersten versuch, ihn zur armee einzuziehen, war er gleich nach seinem achtzehnten geburtstag durch aufnahme des studiums entgangen. jetzt aber wurde er gemustert und für tauglich befunden. daraufhin schrieb sich morrison sofort wieder an der ucla ein, löschte für alle fälle seine adresse und zog an den strand von venice, ein ort, der damals zu einem zentrum der künstler, langhaarigen, jungen und ausgeflippten wurde.

hier am strand von venice beginnt die offizielle doors-mythologie. an einem tag im sommer 1965 begegneten sich hier jim morrison und ray manzarek. beide kannten sich lose von der ucla her. sie sprachen miteinander und morrison erzählte, daß er hier am strand lebe und gedichte und songs schreibe. "songs?" sagte manzarek, der bereits als organist und sänger in einer gruppe musik machte. "laß hör'n." morrison begann langsam die ersten zeilen von "moonlight drive" zu singen:

> "let's swim to the moon/uh huh
> let's climb through the tide
> penetrate the evenin' that the
> city sleeps to hide..."

"wow, das haut rein," begeisterte sich manzarek, "das sind die besten song-texte, die ich je gehört habe." beide beschlossen, zusammen eine gruppe zu machen und eine million dollar zu verdienen.

doch zunächst zog morrison in ray manzareks appartement, wo sie, während manzareks freundin tagsüber zur arbeit war, zwei wochen lang jeden tag an morrisons liedern arbeiteten: manzarek am klavier, und morrison sang. morrison war davon überzeugt, daß, wer lieder schreibt, sie auch selbst singen soll. aber noch war seine stimme zu weich und unsicher; doch beide stimmten darin überein, daß die stimmausbildung eine sache der praxis sei.

morrison machte jetzt in manzareks gruppe "rick and the ravens" mit, in der auch zwei brüder manzareks spielten. kurz darauf stieß john densmore zu der gruppe, der den drummer ersetzte. "rick and the ravens" hatten schon vorher einen schallplattenvertrag gehabt und auch schon eine platte eingespielt, die jedoch überhaupt nicht beachtet worden war. die plattenfirma hatte mittlerweile ihr interesse an der gruppe verloren und gestand ihr nur noch ein paar stunden kostenlose studiozeit zu. die inzwischen umbesetzte gruppe nutzte diese zeit bald im herbst 1965, und sie spielte in den world pazific studios in los angeles sechs morrison-songs ein. mit diesen aufnahmen nun stellte sich die gruppe bei allen plattenfirmen vor, und wurde abgelehnt. doch sie blieben hartnäckig, und es gelang ihnen, die aufmerksamkeit des neuen managers von columbia zu gewinnen. sie bekamen einen vertrag. trotz dieses ersten erfolges stiegen die beiden brüder von ray manzarek aus der gruppe aus: sie hatten schwierigkeiten, mit morrison zurechtzukommen und standen seinen liedern verständnislos gegenüber. robby krieger kam zu der gruppe, die seit kurzem ihren namen geändert hatte und sich jetzt "the doors" nannte. dieser name kam auf morrisons betreiben zustande und wurde angeregt durch das buch von aldous huxley "the doors of perception", in dem er seine erfahrungen mit meskalin beschreibt. diesem text steht der satz von william blake voran: "würden die pforten der wahrnehmung gereinigt, erschiene den menschen alles, wie es ist: unendlich."* schon während seines studiums an der ucla hatte morrison die idee gehabt, mit einem freund, dennis jacob, zusammen ein rock-duo mit dem namen "the doors: open and closed" zu gründen.

die doors existierten jetzt in der bekannten besetzung mit raymond daniel manzarek (keyboards), robert alan krieger (gitarre), john paul densmore (schlagzeug) und james douglas morrison (gesang). allerdings, mit morrisons gesang war es noch nicht sehr weit her. noch fühlte er sich sehr unsicher in der rolle des sängers, und tatsächlich war es so, daß ray manzarek in dieser frühen zeit der doors die meisten lieder sang, während morrison sich auf der mundharmonika versuchte und sich mit unterstützenden "yeahs" einmischte. wenn er selbst mal sang, war er so aufgeregt und scheu, daß er sich mit dem rücken zum publikum stellte, wie groß oder klein dies auch immer sein mochte, und wenn er sich ihm zuwandte, so nur mit geschlossenen augen und sich fest ans mikrophon klammernd, eher schreiend als singend.
im augenblick übten die doors täglich, jeden nachmittag. gelegentlich spielten sie auf hochzeiten, partys und dann auch in verschiedenen clubs in los angeles. im januar 1966 wurden sie für das "london fog", ein kleiner club auf dem sunset strip, engagiert. sie sollten abend für abend von neun bis zwei uhr spielen, fünf auftritte mit pausen. schwere arbeit für wenig geld. doch die doors nutzten dies feste engagement, um mehr auftrittssicherheit zu bekommen und musikalisch ihren stil zu entwickeln. ihr repertoire umfaßte mittlerweile fast vierzig songs, wovon über die hälfte eigenkompositionen waren, zumeist von morrison. er sang jetzt fast alle

---

* immer wieder las und liest man in artikeln über die doors den satz: "es gibt dinge, die bekannt sind, und es gibt dinge, die unbekannt sind, dazwischen gibt es türen." dieser satz wird ausnahmslos william blake zugeschrieben. tatsächlich stammt er jedoch nicht von ihm, sondern von ray manzarek, der ihn 1967 gegenüber dem nachrichtenmagazin "newsweek" fallen ließ als seine interpretation der doors. irgendwann muß dann bei den lohnschreibenden hurensöhnen irgendwie alles durcheinander gekommen sein.

songs. mit wachsendem selbstvertrauen bei den auftritten begann morrison sich auf die entwicklung seines spezifischen bühnenstils zu konzentrieren. immer öfter brachte er drogen mit auf die bühne, die ihn körperlich enthemmten und ihn zu unflätigen gesanglichen improvisationen trieben. morrison benahm sich immer verrückter auf der bühne. das engagement im "london fog" wurde nicht verlängert. die doors befanden sich jetzt an einem tiefpunkt. nicht nur, daß sie aus dem "london fog" geflogen waren, sondern auch, daß sie aus ihrem — wenn auch bislang ergebnislosen — schallplattenvertrag mit columbia entlassen wurden, machte sie niedergeschlagen. obendrein verdienten sie zu wenig geld, um davon leben zu können. densmore und krieger saßen wegen besitzes von marijuana im gefängnis, und morrison sollte erneut zur musterung erscheinen. die stimmung besserte sich, als klar war, daß morrison nicht zur armee mußte. er hatte seinen körper und seinen geist zum termin der untersuchung mit drogen und anderen kleinen hilfsmitteln wehruntauglich machen können. zum zweiten lag den doors ein angebot vor, im renommierten "whiskey a go go" einen tag in der woche als vorgruppe für berühmtere gruppen wie them, animals, etc. aufzutreten. sie nahmen an.

die doors spielten von mai bis juli 1966 im "whiskey". morrison schluckte nach wie vor alles, was er an drogen in die finger bekam. manchmal war er so voll, daß er nicht auftreten konnte und manzarek seinen gesangspart übernehmen mußte. andermal hielt sich sein rausch genau in den grenzen, die ihn die besten vorstellungen geben ließen. sein bühnenstil entwickelte sich mit dem ausbau und der raffinierung der eigenen kompositionen ("the end", "when the music is over"), deren inszenierung mit reichen szenischen und musikalischen improvisationen in unerhörter zeitdauer erfolgte.

seit morrison im sommer 1965 am strand von venice gelebt hatte, hatte er bis jetzt immer noch keine feste adresse. er übernachtete öfter bei bandmitgliedern, freunden, zwei, drei freundinnen oder sonstwo. er besaß nicht viel, nur das nötigste. im herbst 1965 hatte er pamela susan courson (ihr vater war, wie morrisons, ebenfalls in der navy, aber als reserveoffizier) kennengelernt, die er jetzt öfters traf und bei der er ebenfalls übernachten konnte. sie sollte bis zu seinem tode seine lebensgefährtin sein.

II. die dialektik der selbstgeschaffenen images

die doors waren recht erfolgreich im "whiskey". es sprach sich herum, daß ihre musik, insbesondere manzareks orgelspiel und kriegers gitarre, etwas außerordentlich eigenes hatte, und daß man ihren sänger morrison in seiner verrücktheit auf der bühne unbedingt gesehen und gehört haben mußte. mitte 1966 kam ein schallplattenvertrag mit elektra zustande, und im september spielten die doors in nur zwei wochen ihre erste lp "the doors" ein, die im januar 1967 veröffentlicht wurde. sie spielten jetzt allmählich auch in anderen städten, nicht nur in los angeles, und vor größer werdendem publikum, ohne aber schon die hauptattraktion selbst zu sein. dies änderte sich schlagartig, als im april 1967 der song "light my fire" aus ihrer lp als single ausgekoppelt wurde. er wurde der hit, der in den nächsten wochen in den spitzen der hitparaden rangierte. die doors waren berühmt.

morrisons bühnenschau faszinierte. in der ersten zeit hing er noch direkt am mikrophon, aber sah dabei aus wie jemand, der drei tage unter methandrin gestanden hatte. jetzt aber wurde die ganze bühne zu seinem spielraum. er agierte wilder, entfernte sich vom mikrophon, brach plötzlich in der mitte der bühne zusammen, so als ob er niedergeschossen worden wäre oder einen tritt in die hoden erhalten hätte. während des auftritts klappte er mehrere male so zusammen oder fiel auch wie zufällig von der bühne. er lehnte sich geistesabwesend in den mikrophonständer oder nahm das mikrophon am kabel mit zu boden und sang weiter.

die konzerte der doors waren ausverkauft, und die presse begann, sich um interviews und fotos besonders von dem neuen star jim morrison zu reißen. morrisons aussehen, seine bühnenschau, seine gebärden ließen ihn für die presse zu *dem* sexsymbol in der nachfolge von james dean und marlon brando werden. er wurde rasend schnell der mann mit dem am meisten fotografierten nackten oberkörper. fotos von morrison, in hautenger lederhose, barbrüstig, erschienen bei jeder gelegenheit in den zeitungen.

dies image als sexsymbol hat morrison zum guten teil selbst produziert. für die promotion der ersten lp ließ er sich barbrüstig, mit lockenkopf und in der pose des zur erde gekommenen engels oder des jungen löwen ablichten. für teenager-magazine oder größere modezeitschriften ließ er sich auf dieselbe art fotografieren, mal mit frau an seiner brust, mal ohne. morrison war schön, er gefiel sich.

noch während seiner college- und universitätszeit hatte er zeitweise bis zu neunzig kg gewogen. damals war er jeden tag eine stunde früher als nötig aufgestanden, nur um in ruhe ausgiebig und kräftig frühstücken zu können. er sagte, er hätte sich damals sehr stark gefühlt, wenn er sich wie ein tank durch die flure bewegte und alle beiseite gehen mußten. richtig an gewicht verlor er dann erst, als er am strand von venice lebte, drogen nahm und kaum etwas aß.

als morrison später, zur jahreswende 1969/70, — er trug inzwischen einen vollbart, seine figur war im vergleich zu vor zweieinhalb jahren sehr viel kräftiger geworden, und ein bauch zeichnete sich unverkennbar ab — auf jene zart verführerischen fotos angesprochen wurde, äußerte er:

"es ist eine last. ich muß damals nicht ganz bei trost gewesen sein. heute würde ich so etwas nicht noch einmal tun. aber jetzt ist es zu spät. stell dir vor, wenn ich achtzig bin, werde ich immer noch diese fotos zu sehen bekommen... dicksein ist schön (scherzhaft)... es ist ja die presse, die von mir das image des sexsymbols verbreitet hat, und was die einmal in die finger bekommen, tischen sie immer wieder auf. es ist schon eine schwierige last für mich. aber ich muß zugeben, daß ich durch die ganze sache damals natürlich auch in günstige situationen kam und gelegenheit hatte, einige wirklich außerordentliche frauen kennenzulernen."

in ersten interviews und pressestatements versuchte morrison die aufmerksamkeit der presse auf sich und die anderen doors zu ziehen. durch bestimmte schockierende reden und sätze suchte er seine aufkommende popularität zu steigern. in jedem artikel über die doors wurde morrisons satz kolportiert: "ich bin an allem über revolte, unordnung, chaos, besonders aktivität, die keinen sinn zu haben scheint, interessiert. dies ist für mich der weg zur freiheit." er erklärte, daß seine eltern tot seien, was jedoch nicht stimmte. später, daraufhin angesprochen, antwortete er:

"ich denke, daß ich es damals als eine art witz gesagt habe... ich möchte niemanden, der es nicht wünscht, in meine sachen hineinziehen." sein reden von den doors als "politiker der erotik" machte ebenfalls die runde. die presse nahm alles begierig auf und verbreitete es.
zu solchen statements, die man immer wieder in den zeitungen las, sagte morrison einmal:
"als ich ins musikgeschäft einstieg, wollte ich mir natürlich auch einen platz in ihm sichern... die presse war immer um mich, und so begann ich sie zu lesen. sie suchen nach eingängigen phrasen und schlagwörtern, die sie für eine überschrift gebrauchen können, etwas, worauf sie einen artikel aufbauen können... ich wußte, daß der typ von der presse diese sätze gebrauchen würde und kannte im voraus das bild, das daraus entstehen würde. ich wußte, daß ein paar schlüsselphrasen alles sind, was man von einem artikel jeweils behält. so wollte ich eine phrase, die im gedächtnis haften würde."
das war kalkulierte medienmanipulation. aber die phrasen waren nicht nur gelogen; sie waren selbst auch wahr. morrison schien die sachen im griff zu haben. nicht er schien das machtlose objekt einer blutsaugenden presse zu sein, sondern diese war anscheinend umgekehrt nur der dumpfe apparat zur multiplikation und verstärkung des bewußt von morrison initiierten images seiner selbst. es war ein testen der grenzen der wirklichkeit.

eine andere art, jene grenzen zu explorieren, inszenierte morrison bei den konzerten der doors. einige male hörte er mitten in einem song auf zu singen, stand dann ganz versunken und konzentriert am mikrophon oder bewegte sich langsam auf der bühne, so als ob er jeden moment wieder einsetzen würde, aber nichts geschah. er

wartete. er achtete auf das publikum, dessen reaktionen. manchmal wurde es unruhig, ungeduldig und laut; andermal baute sich eine nahezu unerträgliche spannung in ihm auf. die situation war dann kurz davor, wo alles möglich schien. morrison sagte dazu:
"*es gibt verschiedene grade der erregung in dem jeweiligen publikum, das dich erwartet. so kommst du auf die bühne und triffst mit einem bündel potentieller energie zusammen. du weißt vorher nie, wie es ausgehen wird. ich treibe die situation so weit sie nur eben auszuhalten ist. ich bin neugierig, was passiert. das ist alles. und ich denke nicht, daß mir die dinge jemals aus der kontrolle geraten sind.*"

am 9. dezember 1967 spielten die doors in new haven, connecticut.
new haven war in den sechziger jahren *die* "modellstadt" amerikas, in der mit immensen investitionen nahezu die gesamte innenstadt von grund auf baulich mit beton und stahl futuristisch erneuerte wurde — auf kosten der zerstörung der wohngebiete der armen und schwarzen. im vergangenen sommer hatte es in dieser "modellstadt" schwere rassenunruhen mit hunderten von verhafteten gegeben. die polizei war in ständiger bereitschaft.
mitten im konzert dann unterbrach morrison plötzlich den song "back door man" und begann in einer art "talking blues", dem publikum folgenden vorfall zu erzählen:
"*ich will euch etwas erzählen, was sich vor ein paar minuten hier in new haven ereignete... das ist doch new haven, nicht wahr, new haven, connecticut, usa?... in meiner umkleidekabine traf ich ein mädchen, und wir begannen miteinander zu reden. wir wollten allein sein/ also gingen wir in den duschraum/ und wir taten gar nichts/ versteht ihr/ standen einfach da und redeten/ und dann kam dieser kleine mann rein/ dieser kleine mann/ in einem kleinen blauen anzug/ mit einer kleinen blauen mütze/ und er sagte: 'was macht ihr hier?'/ 'nichts'/ aber er ging nicht weg/ er stand da/ und dann griff er hinter sich/ und er holte diese kleine dose mit etwas hervor/ das wie rasierschaum aussah/ und dann sprühte er es in meine augen/ ich war dreißig minuten lang blind/ yeah, ich bin ein back door man...*"
das licht ging an und polizeileutnant kelly erschien auf der bühne. morrison hielt ihm das mikrophon hin: "was hast du zu sagen, mann?" ein inzwischen hinzugekommener polizist schnappte sich das mikrophon, und morrison wurde von der bühne weg verhaftet. man klagte ihn des unsittlichen und unmoralischen öffentlichen verhaltens, der öffentlichen störung des friedens und des widerstands gegen die polizei an. im januar wurde er zu einer geldstrafe von 1500 dollar verurteilt.
der aufruhr bei den konzerten der doors nahm im verlauf des jahres 1968 mehr und mehr zu. immer wieder versuchten die fans, die bühne zu stürmen, und wurden brutal von den anwesenden cops wieder zurück ins parkett geworfen. im november 1968 starteten die doors eine kleinere tournee durch die usa, bei der fast jedes konzert von kleineren oder größeren krawallen begleitet war. den größten ärger gab es am ende der tournee in phoenix, arizona.

denkwürdiges geschah beim konzert der doors am 1. märz 1969 in miami, florida. die doors waren spät dran, und morrison hatte schon einiges getrunken. wieder und wieder spielten die doors die ersten takte, aber morrison setzte nicht ein. nach einigem hin und her rief morrison ins mikrophon:

"hört zu, ich bin einsam, ich brauch liebe, ihr alle. los. will 'ne gute zeit haben, will liebe haben, liebe – ah. will keiner meinen arsch lieben? kommt hoch... will keiner rauskommen und mich lieben?... ihr seid ein haufen blöder idioten. laßt euch alles vorschreiben, laßt euch herumstoßen. wie lange soll das noch gehen? wie lange werdet ihr euch noch rumstoßen lassen? wie lange? vielleicht freut es euch, vielleicht freut es euch, wenn man euer gesicht in scheiße preßt... ihr seid ein haufen sklaven! was tut ihr dagegen, was tut ihr, was tut ihr dagegen... ich red hier nicht von revolution, ich red hier nicht von demonstration, ich red hier nicht vom straßenkampf. ich red davon, spaß zu haben, schnappt euch euren freund. ich red von liebe. ich red von liebe, liebe, liebe. schnapp dir deinen blöden freund und lieb ihn. los koooommmmmm.......
warum haben wir hier keine revolution? kommt alle auf die bühne. es gibt keine regeln, es gibt keine grenzen. wollt ihr mich berühren? kommt hoch und faßt mich an. berühr mich. wollt ihr meinen schwanz sehen?"
morrison machte anstalten, seine hose herunterzulassen. später beschworen manche, sie hätten morrisons schwanz gesehen; andere sagten, daß es dazu nicht gekommen ist. das konzert nahm seinen widerigen verlauf und endete damit, daß hunderte von fans auf die bühne kletterten und tanzten. im allgemeinen durcheinander ging alles unter.
da die polizei die reaktion der zuschauer fürchtete, wollte sie morrison erst nach dem konzert verhaften, aber da war er bereits spurlos verschwunden. es wurde ein haftbefehl auf morrison ausgestellt wegen des schweren verbrechens des ''unzüchtigen und lasziven verhaltens in der öffentlichkeit durch zurschaustellung des geschlechtsteils und durch simulieren von masturbation und oralen kopulation" und der delikte der öffentlichen gotteslästerung und trunkenheit. als höchststrafe drohten dreieinhalb jahre haft im zuchthaus rainford.
im gefolge der ereignisse kam es in miami ende märz zu einer großen demonstration gegen die obszönität. dreißigtausend traten für die fünf tugenden ein: "glaube an gott und daß er uns liebt; liebe zu unserem planeten und vaterland; liebe zur familie; ehrfurcht vor der sexualität; gleichheit aller menschen." während der demonstration verteilte die american legion zehntausend us-fähnchen, und zuschauer hielten schilder hoch "nieder mit der obszönität". präsident nixon gratulierte dem initiator der demonstration, einem jugendlichen mitglied einer katholischen sekte.
in einem ersten gerichtsurteil, das erst eineinhalb jahre später, im oktober 1970, zustande kam, wurde morrison, der für fünfzigtausend dollar kaution auf freiem fuß war, schuldig gesprochen und zu sechs tagen arbeitslager, sechs monaten gefängnis und 500 dollar geldstrafe verurteilt. er ging in die revision.

"und ich denke nicht, daß mir die dinge jemals aus der kontrolle geraten sind." die grenzen der wirklichkeit hatten sich nur schärfer konturiert und geltend gemacht. morrison zu miami:
"ich hatte mein offizielles image, mit dem ich manchmal bewußt, meistens jedoch unbewußt selbst arbeitete, gründlichst satt. es wurde mir wirklich zuviel, und so setzte ich der sache an einem glorreichen abend ein ende. auf was es hinauslief, war, daß ich dem publikum sagte, daß sie ein haufen blöder idioten seien. sie sollten erkennen, daß sie nicht wirklich hier waren, um gute songs von guten musikern zu hören, sondern daß sie wegen etwas anderem gekommen waren. warum dies

nicht zugeben und etwas dazu tun... miami war der geballte höhepunkt unserer dressierten karriere. ich glaube, ich habe unbewußt versucht, die sache als absurd hinzustellen, und es klappte vorzüglich."

III. langsame kapitulation

morrisons exzessives trinken und seine dadurch unberechenbar werdenden auftritte hatten den drei anderen doors von anfang an zu schaffen gemacht. oft trieb er sich vor konzerten total betrunken irgendwo herum, so daß er zu spät zum auftritt kam oder diesen sogar ganz verpaßte oder überhaupt so voll war, daß er nicht mehr auftreten konnte. die doors hatten schon ihre mühe damit, sich darum zu kümmern, daß morrison zum auftritt auch präsent war. als ihr erfolg im verlauf des jahres 1967 rasch wuchs, waren sie es leid, noch länger die rolle des "aufpassers" für morrison zu spielen und delegierten kurzerhand diese rolle an einen ihrer neuen manager. später, nach dem wechsel der manager wegen finanzieller und persönlicher intrigen, und weil sie morrison wohl mit zu vielen whiskeyflaschen hinter der bühne versorgt hatten, übernahm jemand aus dem stab der doors, der extra dafür eingeschleust wurde, diese aufgabe.

morrison ließ sich aber seine verrücktheiten nicht eindämmen. die drei anderen doors hatten sich zwar seiner privaten exzentrizität in erheblichem maße entledigen können, indem sie sie nicht mehr zu gesicht bekamen, aber den konsequenzen seiner exzesse auf der bühne konnten auch sie nicht entgehen.

schon einmal hatte john densmore die trommelstöcke hingeworfen, weil morrison bei plattenaufnahmen total besoffen in seinem urin auf dem boden des studios lag. zwar waren sie nie besonders gute freunde gewesen — densmore konnte mit morrisons song-texten nie viel anfangen; er saß halt am schlagzeug —, aber mit jenen irren auswüchsen wollte densmore immer weniger zu tun haben.
obwohl auch manzarek nie besonders gut mit morrison befreundet war, verhielt er sich doch meist loyal ihm gegenüber. er wußte wohl um morrisons äußerst spezifisches potential für die doors. ihr verhältnis zueinander mag ein kleiner dialog im studio bei der aufnahme der zweiten lp verdeutlichen. morrison saß schon seit einer stunde im studio herum, ohne daß bis jetzt jemand mit ihm gesprochen hätte. dann wandte er sich an manzarek, leise, fast flüsternd:
"es ist 'ne stunde nach west covina, ich dachte, wir könnten vielleicht die nacht dort bleiben, nachdem wir gespielt haben."
"warum?" fragte manzarek.
"anstatt zurückzukommen."
manzarek zuckte mit den schultern: "wir planten doch zurückzukommen."
"ja, ich dachte, wir könnten da draußen üben."
manzarek schwieg.
"wir können da üben, es gibt da gleich nebenan ein gasthaus."
"wir können das machen", sagte manzarek, "oder wir können am sonntag in der stadt üben."

"ich glaube." morrison sagte nichts. *"wird denn hier für sonntag alles vorbereitet sein?"*
manzarek schaute ihn eine weile an. *"nein"*, sagte er dann.

es scheint so, als ob morrisons verhältnis zu manzarek insgesamt ähnlich strukturiert war, wie seine frühen beziehungen: unterwürfig sein, sich fügen und sich widersetzen, auf der bühne.

nach dem skandalösen miami-konzert kamen die doors kurzfristig in sehr große schwierigkeiten: mehrere veranstalter ließen schon fest gebuchte konzerte platzen, aus angst davor, es könnte sich ähnliches ereignen wie in miami; doors-platten wurden nicht mehr im radio gespielt; die doors hatten eine schlechte presse. mit welchen gefühlen densmore, krieger und manzarek dem allen gegenüberstanden, darüber ließe sich nur spekulieren.

dieser einbruch aber war der preis, der gezahlt werden mußte, wenn die äußerst prekäre schwebe von solider, virtuoser musik der doors und öffentlicher exzessivität ihres sängers nicht mehr gehalten werden konnte. jenes extrem labile gleichgewicht war eine wesentliche voraussetzung des großen erfolges der doors, ja ihres mythischen erfolges. ohne morrisons eskapaden, seine schrittweise selbstopferung, hätten die doors nur gute musik gespielt; ohne den soliden, vernünftigen hintergrund der doors wäre morrison vielleicht nur ein weiterer jener armen irren gewesen. die möglichkeit und die gefahr der realen zerstörung jenes schwebenden gleichgewichts nahm in dem maße zu, in dem der große erfolg der doors in die dimension des mythos wuchs. miami war morrisons provokanter versuch, den mythos durch die realität des mythos zu zerstören, um zu überleben. ein unmöglicher versuch: jene zerstörung des mythos war dessen endgültige besiegelung.

morrison dachte eigentlich nie bewußt daran, rocksänger zu werden. da aber seine pubertät mit der entstehung des rock'n'roll zusammenfiel, nahm er wohl unbewußt alles auf, was in der rockmusik vor sich ging. er stellte sich, wenn überhaupt, eher ein leben als schriftsteller, soziologe oder filmer vor. daß es zunächst anders kam, war für ihn keineswegs ein unglück. er leugnete nie, eine sehr gute zeit mit den doors verbracht und eine menge interessanter dinge in wenigen jahren erlebt zu haben. da gab es für ihn nichts zu bereuen.
dennoch trug sich morrison im sommer 1968 mit der absicht, die doors zu verlassen. über die gründe hierfür läßt sich nur spekulieren. sicher war er es leid, immer nur dieselben paar verdammten songs zu singen und das drängende publikum immer wieder durch den ersten hit *"light my fire"* zu befriedigen. auch mag er langsam den ganzen rummel um seine person satt gehabt haben. vielleicht hatte es auch undurchsichtige konflikte bei der konzipierung der dritten lp *"waiting for the sun"* vom sommer 1968 gegeben, auf der morrison dachte, ein paar gedichte zu lesen. dies wurde nicht realisiert. vielleicht wünschte er sich auch mehr persönliche aufmerksamkeit.
auf jeden fall wandte sich morrison nach einspielung der dritten lp mehr und mehr nicht mehr ausschließlich der musik zu. er interessierte sich in zunehmendem maße wieder für film. zum einen wollte er etwas schauspielern, zum anderen beteiligte er

sich intensiv an der konzipierung und realisierung des doors-films "feast of friends", zu dem die dreharbeiten noch im sommer 1968 begannen. er schrieb jetzt auch wieder mehr gedichte und plante veröffentlichungen. mehr spaß an der musik bekam er erst wieder mit aufnahme der lp "morrison hotel" zur jahreswende 1969/70.

für morrisons musikalisches wie auch literarisches und filmisches schaffen gilt: morrison war ein seiner selbst bewußter künstler.
"ich sehe mich als ein intelligentes, sensibles menschliches wesen mit der seele eines clowns, die mich in wichtigen momenten immer drängt, total zu werden."
seine zeit als rockstar und sänger der doors machte für ihn eine bestimmte epoche seines lebens aus, die er anfang 1971 zunächst beenden wollte. er meinte, daß er mit siebenundzwanzig jahren zu alt für einen rock'n'roll-sänger sei. sein letzter liveauftritt mit den doors fand im dezember 1970 statt. nach aufnahme der letzten lp "l.a. woman" im frühjahr 1971 verließ er die gruppe, um seiner freundin pamela nach paris zu folgen und einen neuen abschnitt seines lebens zu beginnen: als schriftsteller.
seine haltung zum alkohol änderte sich gleichwohl nicht in paris. zwei jahre zuvor hatte er in einem interview gesagt:
"betrunken zu sein... da hast du dich bis zu einem gewissen punkt in vollständiger kontrolle. es ist deine wahl, jedesmal, wenn du einen schluck nimmst. du kannst sehr oft wählen. ich glaube, es ist der unterschied zwischen selbstmord und langsamer kapitulation."
auch in paris testete morrison die grenzen seiner realität. am 3. juli 1971 starb james douglas morrison in der badewanne seiner wohnung in der rue beautreillis 17 in paris

aufgrund eines herzversagens. das begräbnis fand am 7. juli auf dem friedhof père lachaise statt.
morrison beschritt den weg des exzesses, um zum palast der weisheit zu gelangen.

IV. gedrehte und ungedrehte filme

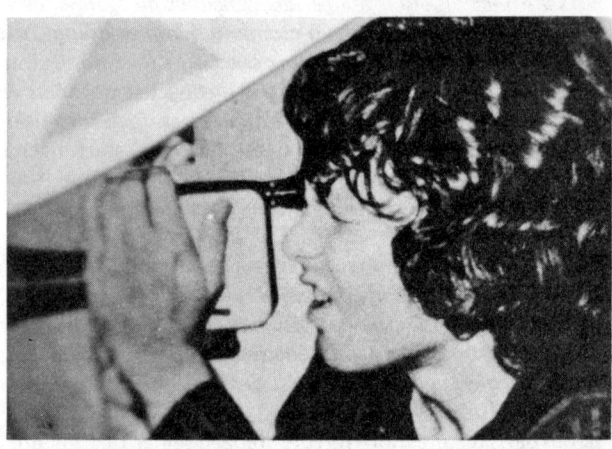

von januar 1964 bis zum mai 1965 studierte morrison an der ucla film- und theaterwissenschaften. es war die zeit, da auch josef von sternberg und jean renoir hier seminare veranstalteten. obwohl morrison sich während dieses studiums beträchtliches kinematographisches und filmisches wissen aneignete, war seine herangehensweise an den film seltsam unvorbelastet, ja sie schien geradezu naiv zu sein. vielleicht war es aber auch gerade seine profunde kenntnis von film, die ihn 1968 in der zeitschrift "eye" ganz unorthodox formulieren ließ:
"das gute am film ist, daß es keine experten gibt. es gibt keine autorität im film. jeder kann die ganze geschichte des films in sich aufnehmen. bei anderen künsten kann man das nicht. von daher gibt es keine experten und theoretisch gesprochen weiß jeder student beinahe genauso viel wie jeder professor."
dieses, nach seinem verständnis, fehlen jeglicher autorität im film war es, das ihn so für film begeisterte. morrison war fasziniert vom film als der modernsten kunst. film war für ihn die größte annäherung der kunst an das aktuelle fließen des bewußtseins in seinen zwei dimensionen des traumlebens und der alltäglichen wahrnehmung der welt. ein guter film sei nichts anderes als eine kette von assoziationen, die die visionäre kraft des zuschauers freisetzt. morrison selbst hatte gelegentlich die vision einer großen atomaren explosion, die das ganze zelluloid zum schmelzen bringen würde.

seit dem beginn des studiums an der ucla bewegte sich morrisons interesse für den film auf zwei parallelen wegen: die theoretischen entwürfe und die praktischen experimente, reflexion und realisation.

ein erstes praktisches experiment war sein abschlußfilm an der ucla. der film schien nichts anderes zu sein als ein zusammenschnitt verschiedener bildfolgen ohne erkennbares konzept. er war eine art filmischer improvisation über alles und nichts, die von dissonant überlagerter musik gestört wurde.
die akademischen lehrer waren von dem film außerordentlich enttäuscht und gaben ihm eine schlechte beurteilung. morrison fühlte sich durch das harte urteil seiner lehrer sehr getroffen; er fühlte sich mißverstanden. nach aussage von ray manzarek war der film einfach eine zusammenstellung einer reihe von dingen, die für morrison bedeutsam waren. für diesen selbst war der film weniger ein film als ein essay über film, und er betrachtete ihn als bewußt gedrehten film — ein film über einen film.

seine gedanken zum film und zum kino schrieb morrison erstmalig noch während seiner studienzeit in einem essay nieder. dieser nicht zu ende geführte text bildete die grundlage für seine noten zum sehen, "die herren".

mit den mitteln des poetischen und aphoristischen satzes versucht morrison in diesen noten zum sehen nichts weniger zu begreifen als die aus dem schicksal der sinne im zeitalter der technik und der medien sich erhebende geschichte des auges. die moderne herrschaft des auges sollte offenbar werden, wobei morrison die indizien für diese herrschaft in den vielfältigen pathologien des blicks entdeckte. die psychologie des voyeurs stellte hierzu ein extrem dar. im kino sah er den hervorragendsten zeitgenössischen kristallisationspunkt, in dem die herrschaft des auges durch die reduktion des körpers auf das bloße augenpaar am perfektesten etabliert wird. aber in den noten zum sehen spiegelt sich durchaus eine kontroverse geschichte des auges. wie diese sich gegen ihre eindeutigkeit wehrt, tun es auch die poetischen sätze und wörter morrisons.

trotz seines kometenhaften aufstiegs als rockstar verblaßte sein interesse für den film nicht. nach der ersten hektischen und aufregenden zeit mit den doors wurde morrison wieder mehr von der idee, filme zu machen, angezogen. wie wichtig ihm diese sache war, zeigt sich daran, daß er in interviews immer wieder auf film und seine diesbezüglichen pläne und vorstellungen zu sprechen kam. im herbst 1968 veröffentlichte er in der zeitschrift "eye" ein paar noten zu augen und im frühjahr 1969 seine noten zum sehen als privatdruck.

die gelegenheit für ein praktisches filmexperiment ergab sich anfang 1968, als es darum ging, für die single der doors "the unknown soldier" einen ca. dreiminütigen promotion-film zu drehen. zwar gab es anläßlich der ersten single der doors "break on through" schon einmal einen promotion-film, bei dem jedoch die doors und morrison keinen direkten realisationsanteil hatten, außer dem, als spieler des musikstückes gefilmt zu werden. der film "the unknown soldier" dagegen wurde in vollkommene regie der doors gegeben.
der film beginnt mit einer szene, in der alle vier doors an einem tisch sitzen und essen. dann sieht man densmore, manzarek und krieger am strand entlang gehen. morrison schleppt sich ihnen mit hängendem kopf hinterher. die gruppe erreicht einen mächtigen, mit starken holzstämmen verstrebten pier. die drei doors binden

morrison an einen der pfähle und legen einen strauß weißer blumen zu seinen füßen nieder. "kompanie halt! legt an!" sie exekutieren ihn. sein kopf fällt zur seite. blut tropft aus seinem mund auf die weißen blumen. stille. die musik beginnt von neuem. szenen aus vietnam und bilder von jubelnden menschen beim ende des zweiten weltkriegs. "es ist alles vorbei, der krieg ist vorbei."
die erstaufführung von "the unknown soldier" fand bei einem konzert der doors im märz 1968 im fillmore east in new york statt. von den amerikanischen fernsehstationen und den kommerziellen kinos jedoch wurde der film boykottiert. die macht und militanz seines antimilitarismus überschritt die von amerikanischen fernsehstationen eng gesteckte, noch tolerierbare grenze. die eindringliche optische und klangliche symbolisierung der greuel der eigenen armee in vietnam war jenen zu brutal, die tag für tag in den nachrichtensendungen die neuesten grausamkeiten aus vietnam zum abendbrot serviert bekamen.
eine zeitlang führten die doors den film bei ihren konzerten auf. danach war er gelegentlich in underground-kinos zu sehen.

im jahre 1968 wurde gleich noch ein größeres filmprojekt, der film "feast of friends", geplant und in angriff genommen. es sollte ein film über die doors werden. frank lisciandro, paul ferrara und babe hill, drei freunde von morrison aus seiner studienzeit an der ucla, filmten die doors in den sommermonaten 1968 vor, in und nach ihren konzerten. im herbst, zur zeit der europatournee der doors, versuchten lisciandro, ferrara und hill in amerika das material zu einem film zusammenzustellen. das ergebnis war jedoch nicht sehr überzeugend. eine nochmalige redaktion des films, diesmal mit beteiligung von morrison, fand statt, und heraus kam die jetzt übliche kinoversion des films von ca. 35 minuten länge.
im ersten teil des films sind im wesentlichen die doors während ihrer konzerte zu sehen. aber nicht so sehr sie stehen im mittelpunkt der bilder, als vielmehr das, was um sie herum passiert. die bilder versuchen, die bei den konzerten der doors herrschende atmosphäre von unruhe, hektik und brutalität zu dokumentieren. überall auf der bühne sieht man cops. fans, die auf die bühne klettern wollen, werden brutal von den cops zurückgeworfen. hektische gewalt. in einer umkleidekabine sitzt ein mädchen, das einen schlag mit einem stuhl abbekommen hat. es beginnt ein mehr lyrischer teil des films. ein gedicht wird während eines fluges rezitiert. manzarek spielt solo ein kurzes jazziges stück auf dem klavier. krieger fängt an, im hillbilly-stil auf seiner gitarre zu klimpern und zu singen. schließlich sitzt morrison, der eigentlich kein instrument spielen kann, am klavier und inszeniert die geschichte des wahnsinnigen frederic, in eben wahnsinniger weise. den schluß des films bildet eine 15minütige fassung von "the end".
es existiert daneben auch eine 40minütige version des films, die um einen vorspann und einen schluß erweitert ist. die schlußszene zeigt die doors mit anderen bei gutem wind und sonnigem wetter auf einer segelyacht. der gesang der sirenen begleitet ihren segelturn.

anläßlich der premiere des films im frühjahr 1969 in san francisco veranstalteten morrison und sein freund michael mcclure eine dichterlesung. später wurde der film auf verschiedenen filmfestivals in amerika gezeigt, doch das echo in der bürgerlichen presse war zwiespältig. aber sicher ist der film ein gutes zeugnis der tätigkeit der doors und jim morrisons, und er dokumentiert darüber hinaus verhältnisse amerikanischen rockgeschäfts von 1968.

während lisciandro, ferrara und hill im herbst 1968 an einer ersten fassung von "feast of friends" arbeiteten, wurden die doors bei ihrer europatournee in london vom unabhängigen englischen fernsehen, granada, intensivst gefilmt. jeder schritt der vier auf und hinter der bühne wurde festgehalten. robby krieger erzählte, daß man ihm sogar bis auf die toilette mit der kamera folgen wollte. auf der bühne des londoner "roundhouse" machte es morrison sichtlichen spaß, den kameramann durch abrupte sprünge aus dem bild zu verwirren.
der fertige, einstündige film mit dem titel "the doors are open" wollte aber nicht nur den "roundhouse"-auftritt der doors dokumentieren, sondern diese als politische rockgruppe darstellen. morrison äußerte sich dazu:
"es ist so, daß die leute, die den film gemacht haben, schon bevor wir überhaupt angekommen waren, feste vorstellungen davon hatten, was für einen film sie drehen wollten. wir sollten die politische rockgruppe sein, der anlaß, bei dem sie ein paar ihrer antiamerikanischen gefühle raushängen lassen konnten. sie glaubten, wir würden sie bestätigen und ihnen noch mehr argumente liefern. so hatten sie schon ihren ganzen film, noch bevor wir überhaupt gelandet waren. aber ich glaube doch, daß sie einen sehr aufregenden film gemacht haben."

gleich nachdem der film "feast of friends" abgeschlossen war, starteten lisciandro, ferrara und morrison (diesmal ohne die anderen doors) im frühjahr 1969 ein neues filmprojekt, in dem morrison selbst die hauptrolle spielen sollte. "hiway", so der titel des films, wurde ein gefilmtes poem.
seine geschichte ist äußerst karg: ein mann kommt aus den bergen, durch die wüste. er versucht, aus dieser einöde per autostop nach los angeles zu gelangen. der erste fahrer, der hält, wird von ihm ermordet, so scheint es. er fährt allein weiter. der film endet mit dem bild des mannes im zimmer eines motels der stadt, allein.

der stoff und der stil des films waren sehr charakteristisch für die poesie morrisons. bei den ersten privaten vorführungen aber konnten seine freunde nicht viel mit dem film anfangen. er schien ihnen irgendwie unfertig zu sein. bei der öffentlichen premiere im frühjahr 1970 bei einem filmfestival in vancouver, canada, die zugleich die einzige öffentliche vorführung des films blieb, wurde "hiway" von den kritikern sehr gut aufgenommen. als der film für das san francisco filmfestival vorgeschlagen wurde, wurde er abgelehnt. über den kommerziellen erfolg machte sich morrison nie illusionen. sein einziger kommentar dazu war, daß der film sicher eines tages seinen wert haben werde und daß er ihn, wie schon seinen erstlingsfilm ohne titel, als eine übung, einen versuch ansah.

in "hiway" trat morrison zum ersten mal in einem film als schauspieler auf. schon vorher hatte er gelegentlich angebote für rollen in filmen bekommen, die sich dann aber immer zerschlagen hatten. morrison drängte sich nicht danach, schauspieler zu sein, aber er machte es. viel lieber plante er filme, schrieb drehbücher und führte regie.
zu den geplanten projekten, an denen morrison sowohl als autor als auch als schau-

spieler beteiligt sein sollte, gehörte die gleichzeitig zur realisation von "hiway" geplante verfilmung des stückes "the beard" von michael mcclure. morrison sollte die rolle des billy the kid spielen. neben morrison und mcclure selbst war der produzent elliot kastner an diesem projekt beteiligt. es kam aber aus irgendwelchen gründen nicht zustande.

seit 1969 schrieben morrison und mcclure an einem drehbuch "the adept", welches eine unveröffentlichte novelle mcclures zur grundlage hatte. die dreharbeiten zu dem film, der letztlich den titel "saint nicholas" tragen sollte (nach der hauptfigur des films), sollten endlich im juli 1970 beginnen. doch das projekt, das von metro goldwyn mayer finanziert wurde, wurde in letzter minute aufgegeben; vermutlich wegen morrisons miami-prozeß, der im august eröffnet werden sollte und seine zeit im folgenden wesentlich in anspruch nehmen würde.
morrison liebäugelte danach mit verschiedenen vorhaben, wobei das wichtigste eine angestrebte zusammenarbeit mit dem drehbuchschreiber larry marcus war. marcus besaß die geschichte eines typen, der versucht, mit der modernen gesellschaft zu brechen, und fortgeht. doch über vorstudien ist die ganze sache nie hinausgekommen.
"hiway" war das letzte tatsächlich realisierte filmprojekt morrisons. viele projektierte arbeiten scheiterten auf verschiedenen stufen ihrer verwirklichung aus unbekannten gründen.

V. der rabe: des menschen vogel, des poeten seele

"wer immer mich sprechen lehrte, hat mich für dichtung begeistert", sagte morrison. als kind und als heranwachsender hat er sehr viel gelesen, vor allem lyrik und prosa, alles, was ins englische übersetzt worden war, amerikanische romane, englische, europäische und russische. er besaß eine beeindruckende bibliothek. später als sänger der doors beklagte er sich gelegentlich, daß er zum lesen nicht mehr soviel zeit finde wie früher.
in seiner schulzeit und danach, als er die universität besuchte, schrieb morrison regelmäßig in notizbücher. schon immer wollte er schreiben, aber er zweifelte daran, ob das, was er zu papier bringen würde, wirklich gut sein könnte, ehe nicht seine hand wie von selbst, ohne sein zutun, die feder nahm und sich zu bewegen begann. er stellte sich ein automatisches schreiben vor. nach beendigung seines studiums warf er die meisten seiner notizbücher aus irgendeinem grunde fort oder verbrannte sie. morrison erinnert sich daran:
"nichts würde ich heute lieber besitzen als diese paar notizbücher. ich dachte schon daran, mich hypnotisieren zu lassen oder sodium pentathol zu nehmen, um mich an ihren inhalt zu erinnern. ich habe nacht für nacht in diese bücher geschrieben. aber vielleicht hätte ich nie etwas eigenes geschrieben, wenn ich sie nicht weggeworfen hätte. denn im grunde häufte ich in ihnen nur zitate aus anderen büchern an; ich schrieb meist nur sachen auf, von denen ich gehört oder gelesen hatte. ich glaube, wenn ich diese notizbücher nicht losgeworden wäre, wäre ich niemals frei geworden."
nach fünfzehn jahren ununterbrochenen schulbesuchs fühlte sich morrison im som-

mer 1965 zum ersten mal wirklich frei. er lebte jetzt am strand von venice und machte notizen zu einem imaginären rockkonzert. seine ersten songtexte entstanden.

morrison schrieb seitdem sowohl lyrik in form von songtexten, die er sang und die auf schallplatte veröffentlicht worden ist, als auch gedichte, die gedruckt erschienen sind. den unterschied beim schreiben von songtexten und von gedichten sah er folgendermaßen:
"für mich kommt ein song mit der musik, zuerst ein klang oder rhythmus, dann versuche ich so schnell wie möglich wörter zu finden, die jenes gefühl festhalten — bis dann tatsächlich die musik und die songzeilen nahezu gleichzeitig kommen. ein gedicht ist nicht unbedingt von musik begleitet, aber es lebt doch nur durch ein bestimmtes gefühl für rhythmus, und in diesem sinne besitzt es eine art von musik. ein song ist primitiver. er hat gewöhnlich reime und ein grundmaß. ein gedicht kann überall hingehen."
im idealfall sollten beide, die songexte wie die gedichte, spontan improvisiert bzw. automatisch geschrieben sein. morrison war fasziniert von dem gedanken eines so rasch wie nur möglich fließenden monologs, der dem kritischen verstand des subjekts in keiner weise unterliegt, der sich infolgedessen keinerlei ästhetische und moralische zurückhaltung auferlegt und der so weit wie nur möglich gesprochener gedanke wäre. dementsprechend hatte er eine vorliebe für bluessongs und seine eigenen langen kompositionen, wie "the end" und "when the music is over", die ihm raum für spontane improvisationen boten. in der frühen zeit der doors ruft er in einer pause des stückes "gloria": "kleines mädchen, wie alt bis du; kleines mädchen, auf welche schule gehst du; kleines mädchen, komm lutsch meinen schwanz." später mal, bei einer session mit jimi hendrix, bei der morrison mundharmonika spielte, brüllte er wiederholt, betrunken: "ich fick dich in den arsch, fick dich in den arsch."

morrison war sich der tatsache bewußt, daß seine sich beständig verändernden kompositionen freier form sehr ritualisiert wurden, sobald sie auf schallplatte gepreßt waren. sie waren zum stillstehen gebracht. sowohl das publikum erwartete jetzt genau die komposition, die es von der schallplatte her kannte, als es auch für morrison immer schwieriger wurde, die einmal fixierte komposition wieder in fluß zu bringen. doch er bemühte sich darum.

in den konzerten der doors hat er regelmäßig teile aus seinen gedichten inszeniert. von klängen der doors unterstützt rezitierte er z.b. "horse latitudes", "texas radio & the big beat", "ensenada" u.a. solche rezitationen erschienen aber auf den platten der doors entweder gar nicht oder nur als äußerst spärliche ausnahme.

morrison wünschte, daß auf der dritten lp "waiting for the sun" mehr lyrik erscheinen sollte. die komposition "the celebration of the lizard" sollte das herzstück der platte sein. doch dieser plan scheiterte einerseits daran, daß es nicht gelang, "the celebration..." im studio befriedigend zu realisieren; andererseits standen die anderen doors und wohl auch die plattenfirma der absicht, gedichtrezitationen für die platte aufzunehmen, ablehnend gegenüber. diese erfahrungen mögen ein zusätzlicher anstoß für morrison gewesen sein, seine geschriebenen gedichte drucken zu lassen.

im frühjahr 1969 stellte er seine gedichte zu zwei büchern zusammen und ließ diese als privatdrucke mit einer auflage von je hundert exemplaren herstellen. das eine buch trug den titel "the lords. notes on vision". es war sehr vornehm ausgestattet. morrison hatte kräftig cremefarbenes pergament für den druck gewählt. jede seite war einzeln, lose: ein blatt. es maß einundzwanzigeinhalb zentimeter in der breite und achtundzwanzig in der höhe. die blätter lagen in einer königsblauen kassette mit einem roten schnürbändchen. der titel war goldgeprägt. auf dem einband erschien morrisons vollständiger name: james douglas morrison. jedes blatt enthielt das copyright-zeichen: james douglas morrison 1969 alle rechte vorbehalten.

jim morrison 1969 in mexiko

der titel des anderen buches war: "the new creatures". dieses buch war bescheidener aufgemacht. sein format war gewohnter. und das papier war jenes blaßgelbe, das manchmal auch in vornehm-eleganten zeitschriften verwendet wird. das buch war in braunem karton, ähnlich dem von schulkladden, gebunden. der titel erschien in goldprägung. auf dem einband stand wiederum morrisons ganzer name: james douglas morrison.
das buch war an pamela susan courson, seine gefährtin, gerichtet. sie half ihm, seine gedichte zu edieren und hat ihm geraten, einige gedichte vor der veröffentlichung aus der sammlung zurückzuziehen.
im sommer 1970 ließ er einen weiteren privatdruck mit dem titel "an american prayer" in einer auflage von fünfhundert exemplaren herstellen. es war ein kleines büchlein, das nur zehneinhalb zentimeter in der breite und dreizehn in der höhe maß. das papier war weiß und weich. die fünfunddreißig seiten des buches waren nicht paginiert. sein einband bestand aus festem weinroten karton, auf dem der titel und der name: jim morrison in gold geprägt waren. auf der ersten innenseite erschien das copyright-zeichen: james douglas morrison 1970 alle rechte vorbehalten.

ein paar seiner gedichte hat morrison in zeitschriften veröffentlicht.

die bedeutung des zunächst privaten charakters der bücher soll nicht überbetont werden. sicher, der privatdruck ermöglichte es morrison, den kreis seiner leser selbst bestimmen zu können, aber von anfang an wollte er öffentlich als dichter bekannt sein. so bemühte er sich gleich nach erscheinen der beiden ersten privatdrucke um deren publikation bei einem größeren verlag. im mai 1970 veröffentlichte dann der new yorker verlag simon & schuster "the lords" und "the new creatures" in einem gebundenen band in einer auflage von 15000 stück. michael mcclure erinnert sich, daß, als das buch veröffentlicht wurde, und die ersten exemplare in los angeles eintrafen, er morrison in seinem zimmer fand. er saß dort weinend, das buch in den händen haltend. der endlich vorliegende band erfüllte morrisons größte hoffnung, seinen traum: gedruckt zu sein. er glaubte, dadurch frei von seinen helden zu werden, den künstlern und schriftstellern, rimbaud, apollinaire, breton, céline, burroughs..., von denen er besessen war. er hoffte, jetzt selbst als dichter andere in seinen bann zu ziehen und sie zu von seiner poesie besessenen zu machen. denn um die sehr verschlüsselten gedichte aus "the new creatures" überhaupt verstehen zu wollen, muß man besessen sein. der leser muß zu pamela courson oder besser noch jim morrison selbst werden. die sublime herrschaft der gedichte erzwingt des lesers selbstaufgabe.

solange morrison lebte und als rockstar im konzert mit erfolg unmittelbare unterwerfung der ihn verehrenden erreichte, ignorierten seine fans weitgehend seine poesie. der verkauf des buches von simon & schuster war für amerikanische verhältnisse nicht sehr bedeutend. aber noch zu lebzeiten morrisons wurde eine preiswertere paperback-ausgabe geplant, die, als sie wenige monate nach seinem tod im herbst 1971 erschien, mehr aufmerksamkeit fand. diese ausgabe verkauft sich seitdem konstant, wenn auch nicht gerade in überwältigender anzahl. jim morrisons lyrik wude erst dann von seinen fans akzeptiert, als der lebendige kontakt mit ihm auf der bühne nicht mehr möglich war. die kollektive ekstatische selbstaufgabe der fans bei den konzerten verwandelte sich durch morrisons tod in die lustvoll einsame beim lesen seiner gedichte oder beim hören seiner platten.

morrison litt darunter, zu seinen lebzeiten nicht wirklich als poet anerkannt zu sein. er war sehr ernst in dem, was sein dasein als poet betraf; doch er wollte sich nicht aufdrängen mit hilfe seines ansehens als jim morrison, der große sänger des rock. so war er äußerst unzufrieden mit dem schutzumschlag der ersten ausgabe seines buches bei simon & schuster, der vorn und hinten jenes weit bekannte publicity-foto von jim morrison in der pose des jungen löwen trug und ein kleines foto von dem bärtigen morrison auf dem hinteren innenumschlag verbarg. erst sein foto auf der paperback-ausgabe läßt auch optisch den dichter ahnen.
schon daß er seine privatdrucke fein ausstatten ließ, legt zeugnis ab von seinem streben nach der aura des poeten. wie tastend er manchmal darin war, zeigt jene kleine szene, in der er im rahmen einer doors-show im fernsehen aus seinem privatdruck "the new creatures" lesen soll und, als er bei den ersten zeilen stockte, herzlich lächelte und verlegen aufgab: *"ich kann eben diese sachen nicht allzu gut lesen. ich vermute, musik gibt mir die art von sicherheit, die ich brauche. ich bewundere poeten, die einfach aufstehen und ihre gedichte lesen können. ich wollte, ich könnte das."*
andermal wieder verstieß morrison laut gegen jede konvention. es war irgendwann im herbst 1969 als er zusammen mit dem dichter jack hirschman, der für michael mcclure eingesprungen war, und anderen schriftstellern eine lesung zugunsten von norman mailer bestritt, der sich um das amt des bürgermeisters von new york bewarb. nach einer vorführung des films "feast of friends" sollte hirschman die lesung beginnen. vor dem überschaubaren publikum fing er an, ohne mikrophon vorzutragen; aber selbst nachdem er die ersten zeilen gelesen hatte, kehrte keine richtige ruhe in den kleinen theatersaal ein. die unruhige aufmerksamkeit des publikums richtete sich mehr auf den rechten bühnenrand, wo morrison sich hinter einem vorhang unüberhörbar zu schaffen machte. er war besoffen. nach einer kurzen weile kam er hervor, platzte jetzt mitten in die lesung, seine untertänigste entschuldigung und ergebenheit gestikulierend. hirschmans gesicht erstarrte. seine augen waren tot, zum töten bereit. morrison hatte ihn tief gedemütigt und seine worte schlecht gemacht. hirschman packte seine gedichte zurück in den kleinen braunen koffer, den er bei sich trug und verließ zornig das theater.
am nächsten morgen, als morrison wieder klar im kopf war, muß ihm dieser zwischenfall leid getan haben. zur versöhnung und um sich zu entschuldigen, schickte er hirschman in den nächsten tagen seine beiden privatdrucke mit der post zu.

morrison bemühte sich um anerkennung bei den amerikanischen dichtern seiner zeit. mcclure, mit dem er freundschaftlich verbunden war, schätzte seine gedichte hoch; andere lobten seine feine sprache, vor allem in dem band "the lords". allen ginsberg sagte später zurückhaltend diplomatisch nur einen satz: "er begann gerade." im gegensatz zu mcclure und vielen anderen amerikanischen dichtern, die mitte der sechziger jahre ihre texte in einer "dirty speech" verfaßten, was damals zu einer ganzen bewegung anwuchs, schrieb morrison eine moderne, durchaus konventionelle, sich jeglicher laxheit enthaltende lyrik. er, der wußte, wie man in seiner eigenen pisse liegt und wie man im morgengrauen besoffen im stadtdreck aufwacht, wollte das nicht noch einmal in seinen gedichten reproduzieren. auch jene sogenannten vier-buchstaben-wörter wie "cunt", "cock", "fuck" etc. stehen nicht in seinen ersten beiden privatdrucken. wenn er sie später durchaus manchmal in seinen gedichten benutzte, standen sie aber doch nie in einem sinnzusammenhang, der "dirty" genannt werden könnte. morrisons sprache in "the lords" ist eine ausgearbeitete. poetische diskursivität, oszillierend. seine sätze stehen vornehm auf der seite, oft zeitlos, ewigkeit beanspruchend, wie seine kleinen, nahezu unscheinbaren reime. und dies ist es auch, was ihn an poesie so fasziniert hat: *"sie ist so ewig. solange es menschen gibt, können sie wörter und wortverbindungen erinnern. nichts anderes kann eine massenvernichtung überstehen, außer poesie und songs, niemand kann einen ganzen roman erinnern, einen film, eine skulptur, ein gemälde beschreiben. aber solange es menschen gibt, werden songs und poesie fortdauern."*

am 8. dezember 1970, seinem letzten geburtstag, ging morrison ins studio, um zahllose seiner gedichte auf band zu lesen. er las und er trank, vier stunden lang. unvermeidlich, ab einem bestimmten punkt wurde seine stimme unkontrollierter und unkontrollierter, und gegen ende lallte er seine gedichte nur noch. was er mit dem band vorhatte, darüber weiß niemand so recht etwas zu sagen; vielleicht dachte er daran, in absehbarer zeit eine lyrikplatte zu produzieren. erst 1978, sieben jahre nach seinem tod, stellten die drei anderen doors jene gelesenen gedichte, zu denen sie zusätzlich musik einspielten, zu einer platte zusammen. es läßt sich darüber streiten, ob die doors musikalisch in morrisons sinne verfuhren; sie sagten, er hätte keine ideen für eine realisierung der bänder hinterlassen.

der von morrison verehrte artaud schrieb einmal: *"genug der individuellen gedichte, die denen, die sie machen sehr viel mehr einbringen, als denen, die sie lesen... jedes wort ist tot, sobald es ausgesprochen ist, und wirkt nur in dem augenblick, in dem es ausgesprochen wird. eine einmal verwendete form ist zu nichts mehr nutze und lädt nur dazu ein, nach einer anderen zu suchen. das theater ist der einzige ort auf der welt, wo eine gebärde unwiederholbar ist."*
morrison wollte zwar auf das geschriebene wort als ausdrucksmittel nicht verzichten, aber er war begeistert von der möglichkeit des improvisierten dichterischen wortes auf der bühne und dachte zeitweise daran, ein eigenes theater zu haben. das "living theatre" war für ihn die höchste vervollkommnung des theaters überhaupt, von wo aus die poesie bereit ist, ins leben zu gehen. als rocksänger mußte morrison bescheidener sein, aber er nutzte die ihm auf der bühne gegebene möglichkeit, das geschriebene lyrische gedicht aus seiner form zu bringen. er sagte: *"ich bin glücklich, ich muß bloß das skelett aufs papier bringen, sagen wir dreißig oder vierzig wörter, und kann sie mit stimme und gesten fleischlich machen. ich schreibe die bloße struktur; den inhalt stelle ich dar. diese armen für magazine lohnschreibenden hurensöhne haben keine bühne, um ihre wörter auszusprechen, so müssen all ihr sprechen und gestikulieren auf die gedruckte seite bringen, so daß ihre prosa natürlich ein bißchen aufgeblasen wirkt... ich singe, was andere nicht sagen. ich lege keinen wert auf die melodie. für mich zählt nur der text. ich bin ein dichter. ich möchte der welt dinge sagen, die wichtig sind."*

morrison kommentierte seine gedichte in der regel nicht. er meinte, der leser könne auswählen, was immer er wolle. die folgende ausnahmsweise gegebene erläuterung eines gedichts ist zugleich eine darstellung seiner auffassung von poesie: *"jedes ding auf der welt ist ein symbol, es läßt sich nicht ändern. ich meine, alles paradiert als es selbst, aber steht in wirklichkeit für etwas anderes; alles was du siehst und riechst, ist eine kleine ablagerung des unfaßbaren, des geheimnisses überall. wenn es wirkliche dinge gäbe auf der welt anstelle von bloß einem panorama von symbolen, würden alle poeten buchhalter und volkszähler gewesen sein. das ist zusammengefaßt in meinem gedicht: 'sie filmen etwas/ auf der straße, vor/ unserem haus'. haikuverdichtung, noch weiter verdichtet. die leute haben das gefühl, daß das, was draußen vor sich geht, nicht wirklich ist, nur ein bündel von inszenierten geschehnissen. was ich tat, war, dieses gefühl aufzuschreiben. ich kann nicht irgendeine handlungslinie geben, weil es das ist, was alle leute alle tage erfahren... wirkliche poesie sagt gar nichts, sie hilft nur den möglichkeiten auf die sprünge, öffnet alle türen. du kannst durch irgendeine, die dir entspricht, gehen."*

VI. epilog

ein eigentümlicher widerspruch fällt auf zwischen der künstlerischen existenz morrisons und seiner in den "noten zum sehen" formulierten erkenntnis. denn ein wesentlicher, wenn auch nie eindeutiger aspekt seiner erkenntnis ist, daß kunst in schamloser weise den grundlegend kontemplativen charakter des menschen unserer zeit, seine psychologie des voyeurs, ausnutzt und darüber hinaus selbst konstituiert. kunst setzt zunächst leibliches und geistiges dasein von menschen überhaupt voraus, und einer ihrer zwecke bleibt ihre wie auch immer geartete rezeption durch ein publikum. dieses trägt — weil es publikum ist — von vornherein kontemplative und voyeuristische züge. je tieferliegender solche haltungen entwickelt werden, umso höher die verehrung von kunst. es existiert eine seltsame kunst der künste, sich selber als kunst, als passiv von zuschauern sich einzuverleibendes zu setzen. sie nutzt dabei nicht bloß die psychologie des voyeurs aus, sondern konstituiert durch jene setzung selbst den zauber von passivität wesentlich mit. morrison: "kunst ziert unsere gefängnismauern, hält uns ruhig und zerstreut und gleichgültig." die reifung dieser einsicht verlangt eine konsequenz: die abschaffung jener künste der stellvertretenden existenz.
dies ist eine absolute lesart des textes. morrisons einsichten implizieren in dieser absoluten lesart die moralische verpflichtung, jegliche kunst aufzugeben. denn sind kontemplation, voyeurismus, spaltung in zuschauer und handelnden als abzuschaffende übel von morrison identifiziert, so ist ihm moralisch geboten, sich nicht noch weiter an der perpetuierung dieser zustände durch seine kunst zu beteiligen. vom erkennenden wird erwartet, daß er sich seiner erkenntnis gemäß verhält.

doch morrison wandte sich tatsächlich nicht von der kunst ab. er vollzog gerade die spaltung in zuschauer und handelnden in seinen konzerten, vermillionenfachte sich auf schallplatten, die uns überschwemmen und denen zugehört werden muß, ließ jedermann zum voyeur seines konzertanten exhibitionismus werden, lebte die leben vieler fans, die voyeurhaft jede einzelheit ihres idols verschlangen, ließ die zuschauer seiner filme zu einem ins dunkel starrende augenpaar schrumpfen, vertausendfachte sich in büchern, die von uns kontemplativ zu lesen bleiben und deren sinn wir zu entziffern suchen.

die dissonanz zwischen der künstlerischen existenz morrisons und seiner erkenntnis in den "noten zum sehen" hat aber noch eine sehr viel feinere dimension. morrison formulierte seine erkenntnis poetisch, im medium der kunst. poetische erkenntnis. kunst bringt uns zur erkenntnis. in ihrer gegenwärtigen gestalt ist sie zugleich übel und erkenntnis. das übel der kunst läßt sich erkennen im medium der kunst. ihre einfache abschaffung wäre zugleich die abschaffung eines erkenntnismittels; sich von ihr abzuwenden, bedeutete, sich eine erkenntnismöglichkeit abzuschneiden.

morrison mag sich solcher gedankengänge bewußt gewesen sein oder nicht: er fühlte sich als künstler. lieder zu singen, lyrik zu schreiben, filme zu drehen, kunst zu machen war sein leben. wäre er jener radikalen interpretation seiner einsichten gefolgt, er wäre in heutiger zeit, da das leben selbst noch nicht zur kunst geworden ist, zerbrochen.
aber morrison dachte auch nicht daran, irgendeine konsequenz zu ziehen. er war narziß genug, um eine künstlerische existenz zu erstreben und das scheinwerferlicht zu genießen. warum sollte er geliebtem kunstmachen entsagen, aufhören, andere mit seinen arbeiten in die kontemplation zu versetzen, andere mit schallplatten, büchern und filmen zu narren, wenn sie es zulassen? er war weder altruistisch noch pädagogisch.
morrison hat den schleier der passivität selbst von sich gerissen. mit gründung der doors, so sagte er einmal, habe er zum ersten mal wirklich zu leben begonnen. er wurde frei von seinen literarischen helden, als er seine notizbücher verbrannte. als er sein erstes buch in händen hielt, sagte er: *"dies ist das erste mal, daß ich mich nicht hab ficken lassen."*

berlin-neukölln   februar/märz 1981   werner reimann

anmerkungen

I.

zu seite 13:
es ging darum, bewegungen in einzelnen phasen zu fotografieren. etienne jules marey (1830 beaune/côte-d'or - 1904 paris) brachte eine ganze batterie von negativen in einer kamera unter. er hatte die idee, daß eine mechanik wie das magazin einer waffe das problem lösen würde und konstruierte eine kamera, die wie ein gewehr aussah. 1882 zeigte marey die endform seiner "photographischen flinte" mit einer aufnahmemöglichkeit von 12 bildern pro sekunde.

zu seite 14:
in diesem kino wird am 22. november 1963 lee h. oswald als mutmaßlicher mörder john f. kennedys verhaftet. die menge im kino will ihn lynchen.

zu seite 26:
"santa ana" ist ein lokaler, von osten wehender wind in los angeles.

zu seite 32:
gemälde von juan genovés, el avion, 1968 (ausschnitt).

zu seite 38:
zitat aus f. nietzsche: die fröhliche wissenschaft, vorrede, 4. geschrieben von maria könig.

zu seite 47:
eadweard muybridge (1830 kingston-on-thames, england - 1904 ebd., england) begann im amerika der siebziger und achtziger jahre des letzten jahrhunderts bewegungsabläufe von tieren und menschen mit dutzenden von nebeneinandergestellten kameras aufzunehmen. durch mitfotografieren von wegmarkierungen, z.b. in der form von koordinatennetzen auf dem hintergrund, und durch messung des zeitlichen abstandes der einzelaufnahmen wurde bereits das zeit-weg-problem der bewegung erfaßt. die ergebnisse seiner bemühungen mit unzähligen reihenaufnahmen sind in seinem 11bändigen tafelwerk von 1887 "animal locomotion", philadelphia, dokumentiert.

zu seite 50:
caligula (gajus julius caesar germanicus), sohn der agrippa und des feldherrn germanicus, wurde im jahre 12 geboren. von 37 bis zu seiner ermordung im jahre 41 war er römischer kaiser. sooft er seiner gemahlin oder seiner geliebten den hals küßte, pflegte er immer hinzuzufügen: "ein so schöner nacken wird doch, sobald ich es befehle, durchgeschnitten werden."

zu seite 58:
edward kynaston (1640?, london - 1706) war zu seiner zeit ein bekannter schauspieler, der in seinen jungen jahren vornehmlich frauenrollen darstellte. seine bewundernswerte schönheit ließ ihn geradezu für diese rollen geschaffen sein. bereits 1665 gehörte er zu den führenden schauspielern englands. er spielte jetzt sowohl frauen- als auch männerrollen. in seinen späten schauspielerjahren litt er an zunehmender gedächtnisschwäche, so daß ihm nur noch kleinere rollen angeboten wurden. 1699 zog er sich ganz zurück.

zu seite 59:
henry mayhew (1812 london - 25. juli 1887 london) war ein in der mitte des 19. jahrhunderts in england und besonders in london sehr bekannter journalist. er gründete 1841 die außerordentlich erfolgreiche satirisch-kritische zeitschrift "punch", die er zwei jahre lang als mitherausgeber leitete. später schrieb mayhew lebendige und einfühlsame reportagen über die leute von london, die stets auf ausführlichen befragungen und gesprächen basierten. sein besonderes augenmerk galt dabei den gesellschaftlichen außenseitern, den gescheiterten, den straßenkünstlern, den armen, den umhergetriebenen. nie fehlte in seinen beschreibungen und beobachtungen die scharfe ökonomische und soziologische analyse und anklage der gesellschaftlichen ur-

sachen des elends. solche reportagen faßte mayhew ab 1851 in dem voluminösen werk "london labour and the london poor" zusammen, dessen vierter und letzter band 1862 erschien.
mayhew, der von den attraktionen der straße angelockt war, beschrieb unvergleichlich in diesem werk u.a. das leben, die gewohnheiten, die arbeit und die auftritte der londoner puppenspieler, dresseure, akrobaten, jongleure, feuerschlucker, schlangenesser, clowns, erzähler, geiger, sänger, schattenspieler in deren eigenen worten. sein interesse für die großen und kleinen künste der straße ließ ihn 1856 auch mitglied in einer gruppe von journalisten und theaterleuten sein, die ein neuartiges georama entwickeln wollte.

zu seite 60:
carl gropius (1793 braunschweig - 1870 berlin) hat 1827 das erste diorama in berlin, ecke universitäts- und georgenstraße, eröffnet und bis 1850 zu hoher vollkommenheit gebracht. im august 1832 eröffnete er zusätzlich ein pleorama.
in der breslauer zeitung vom 11. juni 1831 schreibt der dichter august kopisch über die bilder des pleorama:
"die sehr glückliche, nach vielen mühsamen und kostspieligen versuchen nun zur reife gediehene erfindung gibt uns durch eine ununterbrochene, über mehrere hundert ellen sich erstreckende reihe von bildern nicht etwa nur einzelne ansichten von neapel, sondern führt die szenerie vollständig an uns vorüber, die man dann genießt, wenn man sich bei procida einschifft und bei günstigem wetter die seefahrt mehrere meilen an den berühmtesten landschaftlichen herrlichkeiten europas bis zum fuße des flammen, lava und asche auswerfenden vesuvs gemächlich entlang macht. die mechanischen vorrichtungen, die den zuschauer scheinbar an jenen ufern vorbeischiffen lassen (daher der name pleorama), sind so sinnreich und bringen eine so täuschende wirkung hervor, daß man sich wirklich in jene uns festländern fremde natur versetzt fühlt..."

zu seite 61:
robert barker (1739 kells, irland - 1806) verdiente seinen unterhalt durch bildnismalen. da er oft in edinburgh arbeitete, kam er auf den einfall, einen teil der schottischen hauptstadt in zirkelform aufzunehmen. mit der ausführung dieses werkes in völlig runder form hatte er das erste panorama-gemälde geschaffen. seither gilt barker als der erfinder des panoramas. sein panorama von edinburgh wurde erstmals 1788 in holyrood ausgestellt, später in glasgow und london, wo es mit viel beifall aufgenommen wurde. in der folgezeit führte barker noch mehrere panoramen von städten, landschaften und sogar von seeschlachten der englischen flotte, worunter die schlacht von trafalgar war, aus. das publikumsinteresse war außerordentlich.

panoramen werden gemälde genannt, die eine landschaft oder eine szene so darstellen, als ob sich der beschauer mitten darin befindet. die leinwand mit dem bild wurde damals in einem runden gebäude aufgestellt, das einen umfang bis zu vierzig meter durchmesser besaß, so daß das rundgemälde den beschauer von allen seiten umgab. die perspektive des gemäldes war genau nach dem standpunkt des betrachtenden berechnet. in der mitte der sogenannten rotunde baute man deshalb eine art podium, von dem aus man sich das panorama anschauen mußte, während es von einem anderen standpunkt aus gesehen verzerrt erschien.

lous jacques mandé daguerre (1787 cormeilles - 1851 petit-brie, paris) gründete 1822 in paris ein erstes diorama. 1839 wurde es durch ein großes feuer zerstört. daguerre war ebenfalls ein entscheidender pionier der fotografie.

die abbildung zeigt das innere von daguerres diorama in paris.

zu seite 62:
der belgier etienne gaspar robertson (1763 - 1837) projizierte ab etwa 1795 mit hilfe fahrbarer "laterna magica" gegen doppelt und dreifach aufgehängte tüllvorhänge schreckensbilder, gespenster, götter und könige. der tüll hing zwischen publikum und laterna magica; der eindruck der bewegung wurde vor allem durch die größenveränderung der bilder hervorgerufen, erreicht durch vor- und rückwärtsfahren der laterna magica.
die abbildung zeigt eine vorstellung von robertsons phantasmagorien in einem kapuzinerkloster. der raum war mit räucherbecken und totenschädeln ausgestattet. die geistererscheinungen pro-

jizierte robertson mittels einer versteckten laterna magica auf rauch- oder gazevorhänge. die wirkung war, wie aus dem bild hervorgeht, außerordentlich stark.

zu seite 82:
darstellung des alchimistischen werkes: zuerst wird der rohe "stoff" wie ein brotteig in der mulde geknetet und dann im hermetischen gefäß "gekocht". der drache, der seinen eigenen schwanz verzehrt, stellt die noch unerlöste, latente naturkraft dar; der adler ist der frei werdende "geist" (spiritus); auf ihm sitzt der rabe der abtötung (mortificatio).

zu seite 83:
die vermählung von schwefel und quecksilber im hermetischen gefäß.

zu seite 90:
pamela susan courson (22. dezember 1946 weed, california — 25. april 1974 hollywood), lebensgefährtin von jim morrison.

zu seite: 121:
"ensenada" heißt im spanischen: bucht, bai. auch stadt an der westküste mexikos.

II.

die abbildungen zu den texten morrisons sind von den herausgebern gewählt worden. die amerikanischen editionen enthalten keine abbildungen.

wir danken herzlich ulrich heumann und rainer moddemann, die uns artikel und photos zu verfügung gestellt haben.

III.
einige literatur:
mike jahn, jim morrison and the doors, new york 1969.
hervé muller, jim morrison au-delà des doors, paris 1973, zweite erweiterte auflage 1978.
jerry hopkins/daniel sugerman, no one here gets out alive, a biography of jim morrison, new
    york 1980.

artikel:
digby diehl, jim morrison, eye, april 1968.
jerry hopkins, rolling stone interview: jim morrison, rolling stone, nr. 38, 26. juli 1969.
salli stevenson, an interview with jim morrison, circus, januar/februar 1971.
ben fong-torres, james douglas morrison, poet: dead at 27, rolling stone, nr. 88, 5. august 1971.
michael mcclure recalls an old friend, rolling stone, nr. 88, 5. august 1971.
b. wolfe, real-life death of jim morrison, esquire, nr. 77, juni 1972.

platten der doors mit jim morrison:
the doors (1967)   morrison hotel (1970)
strange days (1967)   absolutely live (1970)
waiting for the sun (1968)   l.a. woman (1971)
the soft parade (1969)   an american prayer (1978)

THE LORDS

NOTES ON VISION

7   Look where we worship.

8   We all live in the city.

The city forms—often physically, but inevitably psychically—a circle. A Game. A ring of death with sex at its center. Drive toward outskirts of city suburbs. At the edge discover zones of sophisticated vice and boredom, child prostitution. But in the grimy ring immediately surrounding the daylight business district exists the only real crowd life of our mound, the only street life, night life. Diseased specimens in dollar hotels, low boarding houses, bars, pawn shops, burlesques and brothels, in dying arcades which never die, in streets and streets of all-night cinemas.

9   When play dies it becomes the Game. When sex dies it becomes Climax.

10 All games contain the idea of death.

11 Baths, bars, the indoor pool. Our injured leader prone on the sweating tile. Chlorine on his breath and in his long hair. Lithe, although crippled, body of a middle-weight contender. Near him the trusted journalist, confidant. He liked men near him with a large sense of life. But most of the press were vultures descending on the scene for curious America aplomb. Cameras inside the coffin interviewing worms.

12 It takes large murder to turn rocks in the shade and expose strange worms beneath. The lives of our discontented madmen are revealed.

13 Camera, as all-seeing god, satisfies our longing for omniscience. To spy on others from this height and angle: pedestrians pass in and out of our lens like rare aquatic insects.

    . .

Yoga powers. To make oneself invisible or small. To become gigantic and reach to the farthest things. To change the course of nature. To place oneself anywhere in space or time. To summon the dead. To exalt senses and perceive inaccessible images, of events on other worlds, in one's deepest inner mind, or in the minds of others.

    . .

The sniper's rifle is an extension of his eye. He kills with injurious vision.

    . .

14 The assassin (?), in flight, gravitated with unconscious, instinctual insect ease, moth-like, toward a zone of safety, haven from the swarming streets. Quickly, he was devoured in the warm, dark, silent maw of the physical theater.

15 Modern circles of Hell: Oswald (?) kills President. Oswald enters taxi. Oswald stops at rooming house. Oswald leaves taxi. Oswald kills Officer Tippitt. Oswald sheds jacket. Oswald is captured.

He escaped into a movie house.

16 In the womb we are blind cave fish.

17 Everything is vague and dizzy. The skin swells and there is no more distinction between parts of the body. An encroaching sound of threatening, mocking, monotonous voices. This is fear and attraction of being swallowed.

18   Inside the dream, button sleep around your body
     like a glove. Free now of space and time. Free
     to dissolve in the streaming summer.

19   Sleep is an under-ocean dipped into each night.
     At morning, awake dripping, gasping, eyes
     stinging.

20   The eye looks vulgar
     Inside its ugly shell.
     Come out in the open
     In all of your Brilliance.

21   Nothing. The air outside
     burns my eyes.
     I'll pull them out
     and get rid of the burning.

22   Crisp hot whiteness
     City Noon
     Occupants of plague zone
     are consumed.

     (Santa Ana's are winds off deserts.)

     Rip up grating and splash in gutters.
     The search for water, moisture,
     "wetness" of the actor, lover.

23   "Players"—the child, the actor, and the gambler.
     The idea of chance is absent from the world of the
     child and primitive. The gambler also feels in
     service of an alien power. Chance is a survival
     of religion in the modern city, as is theater,
     more often cinema, the religion of possession.

24   What sacrifice, at what price can the city be born?

26   There are no longer "dancers," the possessed.
     The cleavage of men into actor and spectators
     is the central fact of our time. We are obsessed
     with heroes who live for us and whom we punish.
     If all the radios and televisions were deprived
     of their sources of power, all books and paintings
     burned tomorrow, all shows and cinemas closed,
     all the arts of vicarious existence . . .

     We are content with the "given" in sensation's
     quest. We have been metamorphosised from a mad
     body dancing on hillsides to a pair of eyes
     staring in the dark.

28   Not one of the prisoners regained sexual balance.
     Depressions, impotency, sleeplessness . . . erotic
     dispersion in languages, reading, games, music,
     and gymnastics.

     The prisoners built their own theater which
     testified to an incredible surfeit of leisure.
     A young sailor, forced into female roles, soon
     became the "town" darling, for by this time they
     called themselves a town, and elected a mayor,
     police, aldermen.

29   In old Russia, the Czar, each year, granted—
     out of the shrewdness of his own soul or one of
     his advisors'—a week's freedom for one convict
     in each of his prisons. The choice was left to the
     prisoners themselves and it was determined in
     several ways. Sometimes by vote, sometimes by lot,
     often by force. It was apparent that the chosen
     must be a man of magic, virility, experience,
     perhaps narrative skill, a man of possibility, in
     short, a hero. Impossible situation at the
     moment of freedom, impossible selection,
     defining our world in its percussions.

30 A room moves over a landscape, uprooting the mind, astonishing vision. A gray film melts off the eyes, and runs down the cheeks. Farewell.

Modern life is a journey by car. The Passengers change terribly in their reeking seats, or roam from car to car, subject to unceasing transformation. Inevitable progress is made toward the beginning (there is no difference in terminals), as we slice through cities, whose ripped backsides present a moving picture of windows, signs, streets, buildings. Sometimes other vessels, closed worlds, vacuums, travel along beside to move ahead or fall utterly behind.

31 Destroy roofs, walls, see in all the rooms at once.

From the air we trapped gods, with the gods' omniscient gaze, but without their power to be inside minds and cities as they fly above.

32 June 30th. On the sun roof. He woke up suddenly. At that instant a jet from the air base crawled in silence overhead. On the beach, children try to leap into its swift shadow.

33 The bird or insect that stumbles into a room and cannot find the window. Because they know no "windows."

Wasps, poised in the window,
Excellent dancers,
detached, are not inclined
into our chamber.

Room of withering mesh
read love's vocabulary
in the green lamp
of tumescent flesh.

34 When men conceived buildings, and closed themselves in chambers, first trees and caves.

(Windows work two ways, mirrors one way.)

You never walk through mirrors or swim through windows.

35 Cure blindness with a whore's spittle.

36 In Rome, prostitutes were exhibited on roofs above the public highways for the dubious hygiene of loose tides of men whose potential lust endangered the fragile order of power. It is even reported that patrician ladies, masked and naked, sometimes offered themselves up to these deprived eyes for private excitements of their own.

37 More or less, we're all afflicted with the psychology of the voyeur. Not in a strictly clinical or criminal sense, but in our whole physical and emotional stance before the world. Whenever we seek to break this spell of passivity, our actions are cruel and awkward and generally obscene, like an invalid who has forgotten how to walk.

38 The voyeur, the peeper, the Peeping Tom, is a dark comedian. He is repulsive in his dark anonymity, in his secret invasion. He is pitifully alone. But, strangely, he is able through this same silence and concealment to make unknowing partner of anyone within his eye's range. This is his threat and power.

There are no glass houses. The shades are drawn and "real" life begins. Some activities are impossible in the open. And these secret events are the voyeur's game. He seeks them out with his myriad army of eyes—like the child's notion of a Deity who sees all. "Everything?" asks the child. "Yes, everything," they answer, and the child is left to cope with this divine intrusion.

39 The voyeur is masturbator, the mirror his badge, the window his prey.

40 Urge to come to terms with the "Outside," by absorbing, interiorizing it. I won't come out, you must come in to me. Into my womb-garden where I peer out. Where I can construct a universe within the skull, to rival the real.

41 She said, "Your eyes are always black." The pupil opens to seize the object of vision.

42 Imagery is born of loss. Loss of the "friendly expanses." The breast is removed and the face imposes its cold, curious, forceful, and inscrutable presence.

43 You may enjoy life from afar. You may look at things but not taste them. You may caress the mother only with the eyes.

44 You cannot touch these phantoms.

45 *French Deck.* Solitary stroker of cards. He dealt himself a hand. Turn stills of the past in unending permutations, shuffle and begin. Sort the images again. And sort them again. This game reveals germs of truth, and death.

The world becomes an apparently infinite, yet possibly finite, card game. Image combinations, permutations, comprise the world game.

46 A mild possession, devoid of risk, at bottom sterile. With an image there is no attendant danger.

47 Muybridge derived his animal subjects from the Philadelphia Zoological Garden, male performers from the University. The women were professional artists' models, also actresses and dancers, parading nude before the 48 cameras.

48 Films are collections of dead pictures which are given artificial insemination.

49 Film spectators are quiet vampires.

50 Cinema is most totalitarian of the arts. All energy and sensation is sucked up into the skull, a cerebral erection, skull bloated with blood. Caligula wished a single neck for all his subjects that he could behead a kingdom with one blow. Cinema is this transforming agent. The body exists for the sake of the eyes; it becomes a dry stalk to support these two soft insatiable jewels.

51 Film confers a kind of spurious eternity.

52 Each film depends upon all the others and drives you on to others. Cinema was a novelty, a scientific toy, until a sufficient body of works had been amassed, enough to create an intermittent other world, a powerful, infinite mythology to be dipped into at will.

Films have an illusion of timelessness fostered by their regular, indomitable appearance.

53 The appeal of cinema lies in the fear of death.

54 The modern East creates the greatest body of films. Cinema is a new form of an ancient tradition—the shadow play. Even their theater is an imitation of it. Born in India or China, the shadow show was aligned with religious ritual, linked with celebrations which centered around cremation of the dead.

55 It is wrong to assume, as some have done, that cinema belongs to women. Cinema is created by men for the consolation of men.

56 The shadow plays originally were restricted to male audiences. Men could view these dream shows from either side of the screen. When women later began to be admitted, they were allowed to attend only to shadows.

57 Male genitals are small faces forming trinities of thieves and Christs Fathers, sons, and ghosts.

A nose hangs over a wall and two half eyes, sad eyes, mute and handless, multiply an endless round of victories.

These dry and secret triumphs, fought in stalls and stamped in prisons, glorify our walls and scorch our vision.

A horror of empty spaces propagates this seal on private places.

58 Kynaston's Bride may not appear but the odor of her flesh is never very far.

59 A drunken crowd knocked over the apparatus, and Mayhew's showman, exhibiting at Islington Green, burned up, with his mate, inside.

60 In 1832, Gropius was astounding Paris with his Pleorama. The audience was transformed into the crew aboard a ship engaged in battle. Fire, screaming, sailors, drowning.

61 Robert Baker, an Edinburgh artist, while in jail for debt, was struck by the effect of light shining through the bars of his cell through a letter he was reading, and out of this perception he invented the first *Panorama*, a concave, transparent picture view of the city.

This invention was soon replaced by the *Diorama*, which added the illusion of movement by shifting the room. Also sounds and novel lighting effects. Daguerre's London Diorama still stands in Regent's Park, a rare survival, since these shows depended always on effects of artificial light, produced by lamps or gas jets, and nearly always ended in fire.

62 Phantasmagoria, magic lantern shows, spectacles without substance. They achieved complete sensory experiences through noise, incense, lightning, water. There may be a time when we'll attend Weather Theaters to recall the sensation of rain.

63 Cinema has evolved in two paths.

One is spectacle. Like the Phantasmagoria, its goal is the creation of a total substitute sensory world.

The other is peep show, which claims for its realm both the erotic and the untampered observance of real life, and imitates the keyhole or voyeur's window without need of color, noise, grandeur.

64 Cinema discovers its fondest affinities, not with painting, literature, or theater, but with the popular diversions—comics, chess, French and Tarot decks, magazines, and tattooing.

65 Cinema derives not from painting, literature, sculpture, theater, but from ancient popular wizardry. It is the contemporary manifestation of an evolving history of shadows, a delight in pictures that move, a belief in magic. Its lineage is entwined from the earliest beginning with Priests and sorcery, a summoning of phantoms. With, at first, only slight aid of the mirror and fire, men called up dark and secret visits from regions in the buried mind. In these seances, shades are spirits which ward off evil.

66 The spectator is a dying animal.

67 Invoke, palliate, drive away the Dead. Nightly.

68 Through ventriloquism, gestures, play with objects, and all rare variations of the body in space, the shaman signaled his "trip" to an audience which shared the journey.

69 In the seance, the shaman led. A sensuous panic, deliberately evoked through drugs, chants, dancing, hurls the shaman into trance. Changed voice, convulsive movement. He acts like a madman. These professional hysterics, chosen precisely for their psychotic leaning, were once esteemed. They mediated between man and spirit-world. Their mental travels formed the crux of the religious life of the tribe.

70 Principle of seance: to cure illness. A mood might overtake a people burdened by historical events or dying in a bad landscape. They seek deliverance from doom, death, dread. Seek possession, the visit of gods and powers, a rewinning of the life source from demon possessors. The cure is culled from ecstasy. Cure illness or prevent its visit, revive the sick, and regain stolen, soul.

71 It is wrong to assume that art needs the spectator in order to be. The film runs on without any eyes. The spectator cannot exist without it. It insures his existence.

72 The happening/the event in which ether is introduced into a roomful of people through air vents makes the chemical an actor. Its agent, or injector, is an artist-showman who creates a performance to witness himself. The people consider themselves audience, while they perform for each other, and the gas acts out poems of its own through the medium of the human body. This approaches the psychology of the orgy while remaining in the realm of the Game and its infinite permutations.

The aim of the happening is to cure boredom, wash the eyes, make childlike reconnections with the stream of life. Its lowest, widest aim is for purgation of perception. The happening attempts to engage all the senses, the total organism, and achieve total response in the face of traditional arts which focus on narrower inlets of sensation.

73 Multimedias are invariably sad comedies. They work as a kind of colorful group therapy, a woeful mating of actors and viewers, a mutual semimasturbation. The performers seem to need their audience and the spectators—the spectators would find these same mild titillations in a freak show or Fun Fair and fancier, more complete amusements in a Mexican cathouse.

74 Novices, we watch the moves of silkworms who excite their bodies in moist leaves and weave wet nests of hair and skin.

This is a model of our liquid resting world dissolving bone and melting marrow opening pores as wide as windows.

75 The "stranger" was sensed as greatest menace in ancient communities.

76 *Metamorphose.* An object is cut off from its name, habits, associations. Detached, it becomes only the thing, in and of itself. When this disintegration into pure existence is at last achieved, the object is free to become endlessly anything.

77 The subject says "I see first lots of things which dance . . . then everything becomes gradually connected."

78 Objects as they exist in time the clean eye and camera give us. Not falsified by "seeing."

79 When there are as yet no objects.

80 Early film makers, who—like the alchemists—delighted in a willful obscurity about their craft, in order to withhold their skills from profane onlookers.
 . .
Separate, purify, reunite. The formula of Ars Magna, and its heir, the cinema.
 . .
The camera is androgynous machine, a kind of mechanical hermaphrodite.

81 In his retort the alchemist repeats the work of Nature.

82 Few would defend a small view of Alchemy as "Mother of Chemistry," and confuse its true goal with those external metal arts. Alchemy is an erotic science, involved in buried aspects of reality, aimed at purifying and transforming all being and matter. Not to suggest that material operations are ever abandoned. The adept holds to both the mystical and physical work.

83 The alchemists detect in the sexual activity of man a correspondence with the world's creation, with the growth of plants, and with mineral formations. When they see the union of rain and earth, they see it in an erotic sense, as copulation. And this extends to all natural realms of matter. For they can picture love affairs of chemicals and stars, a romance of stones, or the fertility of fire.

84 Strange, fertile correspondences the alchemists sensed in unlikely orders of being. Between men and planets, plants and gestures, words and weather. These disturbing connections: an infant's cry and the stroke of silk; the whorl of an ear and an appearance of dogs in the yard; a woman's head lowered in sleep and the morning dance of cannibals; these are conjunctions which transcend the sterile signal of any "willed" montage. These juxtapositions of objects, sounds, actions, colors, weapons, wounds, and odors shine in an unheard-of way, impossible ways.

Film is nothing when not an illumination of this chain of being which makes a needle poised in flesh call up explosions in a foreign capital.

85 Cinema returns us to anima, religion of matter, which gives each thing its special divinity and sees gods in all things and beings.

Cinema, heir of alchemy, last of an erotic science.

86 Surround Emperor of Body.
Bali Bali dancers
Will not break my temple.

Explorers
suck eyes into the head.

The rosy body cross
secret in flow
controls its flow.

Wrestlers
in body weights dance
and music, mimesis, body.

Swimmers
entertain embryo
sweet dangerous thrust flow.

88 Dull lions prone on a watery beach.
The universe kneels at the swamp
to curiously eye its own raw
postures of decay
in the mirror of human consciousness.

Absent and peopled mirror, absorbent,
passive to whatever visits
and retains its interest.

Door of passage to the other side,
the soul frees itself in stride.

Turn mirrors to the wall
in the house of the new dead.

87 The Lords. Events take place beyond our knowledge or control. Our lives are lived for us. We can only try to enslave others. But gradually, special perceptions are being developed. The idea of the "Lords" is beginning to form in some minds. We should enlist them into bands of perceivers to tour the labyrinth during their mysterious nocturnal appearances. The Lords have secret entrances, and they know disguises. But they give themselves away in minor ways. Too much glint of light in the eye. A wrong gesture. Too long and curious a glance.

The Lords appease us with images. They give us books, concerts, galleries, shows, cinemas. Especially the cinemas. Through art they confuse us and blind us to our enslavement. Art adorns our prison walls, keeps us silent and diverted and indifferent.

89 THE NEW CREATURES

90 To Pamela Susan

91   I

Snakeskin jacket
Indian eyes
Brilliant hair

He moves in disturbed
Nile Insect
Air

II

You parade thru the soft summer
We watch your eager rifle decay
Your wilderness
Your teeming emptiness
Pale forests on verge of light
decline.

More of your miracles
More of your magic arms

III

Bitter grazing in sick pastures
Animal sadness & the daybed
Whipping.
Iron curtains pried open.
The elaborate sun implies
dust, knives, voices.

Call out of the Wilderness
Call out of fever, receiving
the wet dreams of an Aztec King.

IV

The banks are high & overgrown
rich w/ warm green danger.
Unlock the canals.
Punish our sister's sweet playmate distress.
Do you want us that way w/ the rest?
Do you adore us?
When you return will you
    still want to play w/ us?

V

Fall down.
Strange gods arrive in fast enemy poses.
Their shirts are soft marrying
    cloth and hair together.

All along their arms ornaments
    conceal veins bluer than blood
    pretending welcome.
Soft lizard eyes connect.
Their soft drained insect cries erect
    new fear, where fears reign.
The rustling of sex against their skin.
The wind withdraws all sound.
Stamp your witness on the punished ground.

VI

Wounds, stags, & arrows
Hooded flashing legs plunge
    near the tranquil women.
Startling obedience from the pool people.
Astonishing caves to plunder.
Loose, nerveless ballets of looting.
Boys are running.
Girls are screaming, falling.
The air is thick w/ smoke.
Dead crackling wires dance pools
    of sea blood.

VII

Lizard woman
w/ your insect eyes
w/ your wild surprise.
Warm daughter of silence.
Venom.
Turn your back w/ a slither of moaning wisdom.
The unblinking blind eyes
    behind walls new histories rise
and wake growling & whining
    the weird dawn of dreams.
Dogs lie sleeping.
The wolf howls.
A creature lives out the war.
A forest.
A rustle of cut words, choking
river.

VIII

98
The snake, the lizard, the insect eye
the huntsman's green obedience.
Quick, in raw time, serving
    stealth & slumber,
grinding warm forests into restless lumber.

Now for the valley.
Now for the syrup hair.
Stabbing the eyes, widening skies
behind the skull bone.
Swift end of hunting.
Hug round the swollen torn breast
    & red-stained throat.
The hounds gloat.
Take her home.
Carry our sister's body, back
to the boat.

99
A pair of Wings
Crash
High winds of Karma

Sirens

Laughter & young voices
in the mts.

100
Saints
the Negro, Africa
Tattoo
    eyes like time

101
Build temporary habitations, games
& chambers, play there, hide.

First man stood, shifting stance
while germs of sight
unfurl'd Flags in his skull

and quickening, hair, nails, skin
turned slowly, whirl'd, in
the warm aquarium, warm
wheel turning.

Cave fish, eels, & gray salamanders
turn in their night career of sleep.

The idea of vision escapes
the animal worm whose earth
is an ocean, whose eye is its body.

102
The theory is that birth is prompted
by the child's desire to leave the womb.
But in the photograph an unborn horse's
neck strains inward w/ legs scooped out.

From this everything follows:

Swallow milk at the breast
until there's no milk.

Squeeze wealth at the rim
until tile pools claim it.

He swallows seed, his pride
until w/ pale mouth legs

she sucks the root, dreading
world to devour child.

Doesn't the ground swallow me
when I die, or the sea
if I die at sea?

103
The City. Hive, Web, or severed
insect mound. All citizens heirs
of the same royal parent.

The caged beast, the holy center,
a garden in the midst of the city.

"See Naples & die."
Jump ship. Rats, sailors
& death.

So many wild pigeons.
Animals ripe w/ new diseases.
"There is only one disease
and I am its catalyst,"
cried doomed pride of the carrier.

Fighting, dancing, gambling,
bars, cinemas thrive
in the avid summer.

104 Savage destiny

Naked girl, seen from behind,

on a natural road

Friends
explore the labyrinth

—Movie
  young woman left on the desert

A city gone mad w/ fever

105 Sisters of the unicorn, dance
Sisters & brothers of Pyramid
Dance

Mangled hands
Tales of the Old Days
Discovery of the Sacred Pool
changes
Mute-handed stillness baby cry

The wild dog
The sacred beast

Find her!

106 He goes to see the girl
of the ghetto.
Dark savage streets.
A hut, lighted by candle.
She is magician
Female prophet
Sorceress
Dressed in the past
All arrayed.

The stars
The moon
She reads the future
in your hand.

107 The walls are garish red
The stairs
High discordant screaming
She has the tokens.
"You too"
"Don't go"
He flees.
Music renews.

The mating-pit.
"Salvation"
Tempted to leap in circle.

Negroes riot.

108 Fear the Lords who are secret among us.
The Lords are w/ in us.
Born of sloth & cowardice.

109 He spoke to me. He frightened
me w/ laughter. He took
my hand, & led me past
silence into cool whispered
Bells.

110 A file of young people
     going thru a small woods

111 They are filming something
     in the street, in front of
     our house.

112 Walking to the riot
     Spreads to the houses
     the lawns
         suddenly alive now
         w/ people
         running

113 I don't dig what they did
     to that girl
     Mercy pack
     Wild song they sing
     As they chop her hands
     Nailed to a ghost
     Tree

     I saw a lynching
     Met the strange men
         of the southern swamp
     Cypress was their talk
     Fish-call & bird-song
     Roots & signs
         out of all knowing
     They chanced to be there
     Guides, to the white
     gods.

114 An armed camp.
     Army army
     burning itself in
     feasts.

115 Jackal, we sniff after the survivors of caravans.
     We reap bloody crops on war fields.
     No meat of any corpse deprives our lean bellies.
     Hunger drives us on scented winds.
     Stranger, traveler,
     peer into our eyes & translate
     the horrible barking of ancient dogs.

116 Camel caravans bear
     witness guns to Caesar.
     Hordes crawl & seep inside
     the walls. The streets
     flow stone. Life goes
     on absorbing war. Violence
     kills the temple of no sex.

117 Terrible shouts start
         the journey
     —If they had migrated sooner

     —a high wailing keening
     piercing animal lament
     from a woman
     high atop a Mt. tower

     —Thin wire fence
     in the mind
     dividing the heart

118 Surreptitiously
     They smile
     Inviting—Smiling

         Choktai
         leave!
         evil
         leave!
         No come here
         Leave her!

     A creature is nursing
     its child
     soft arms around
     the head & the neck
     a mouth to connect
     leave this child alone
     This one is mine
     I'm taking her home
     Back to the rain

179

119 The assassin's bullet
     Marries the King
     Dissembling miles of air
     To kiss the crown.
     The Prince rambles in blood.
     Ode to the neck
     That was groomed
     For rape's gown.

120 Cancer city
     Urban fall
     Summer sadness
     The highways of the old town
     Ghosts in cars
     Electric shadows

121 Ensenada
     the dead seal
     the dog crucifix
     ghosts of the dead car sun.
     Stop the car.
     Rain. Night.
     Feel.

122 Sea-bird sea-moan
     Earthquake murmuring
     Fast-burning incense
     Clamoring surging
     Serpentine road
     To the Chinese caves
     Home of the winds
     The gods of mourning

123 The city sleeps
     & the unhappy children
     roam w/ animal gangs.
     They seem to speak
     to their friends
     the dogs
     who teach them trails.
     Who can catch them?
     Who can make them come
     inside?

124 The tent girl
     at midnight
     stole to the well
     & met her lover there
     They talked a while
     & laughed
     & then he left
     She put an orange pillow
     on her breast

     In the morning
     Chief w/drew his troops
     & planned a map
     The horsemen rose on up
     The women fixed the ropes
     on tight
     The tents are folded now
     We march toward the sea

125 Catalog of Horrors
     Descriptions of Natural disaster
     Lists of miracles in the divine corridor
     Catalog of fish in the divine canal
     Catalog of objects in the room
     List of things in the sacred river

126   I

     The soft parade has now begun
     on Sunset.
     Cars come thundering down
     the canyon.
     Now is the time & the place.
     The cars come rumbling.
     "You got a cool machine."
     These engine beasts
     muttering their soft
     talk. A delight
     at night
     to hear their quiet voices
     again
     after 2 years.

Now the soft parade
has soon begun.
Cool pools
from a tired land
sink now
in the peace of evening.

127 Clouds weaken
& die.
The sun, an orange skull,
whispers quietly, becomes an
island, & is gone.

There they are
watching
us everything
will be dark.
The light changed.
We were aware
knee-deep in the fluttering air
as the ships move on
trains in their wake.
Trench mouth
again in the camps.
Gonorrhea
Tell the girl to go home
We need a witness
to the killing.

128   II

The artists of Hell
set up easels in parks
the terrible landscape,
where citizens find anxious pleasure
preyed upon by savage bands of youths

I can't believe this is happening
I can't believe all these people
are sniffing each other
& backing away
teeth grinning
hair raised, growling, here in
the slaughtered wind

I am ghost killer.
witnessing to all
my blessed sanction

This is it
no more fun
the death of all joy
has come.

129 Do you dare
deny my
potency
my kindness
or forgiveness?
Just try
you will fry
like the rest
in holiness

And not for a
penny
will I spare
any time
for you
Ghost children
down there
in the frightening world

You are alone
& have no need of other
you & the child mother
who bore you
who weaned you
who made you man

130   III

Photo-booth killer
fragile bandit
straight from ambush

Kill me!
Kill the child who made
Thee.
Kill the thought-provoking
senator of lust
who brought you to this state.

Kill hate
disease
warfare
sadness

Kill badness
Kill madness

Kill photo mother murder tree
Kill me.
Kill yourself
Kill the little blind elf.

131

    The beautiful monster
    vomits a stream of watches
    clocks jewels knives silver
    coins & copper blood

    The well of time & trouble
    whiskey bottles perfume
    razor blades beads
    liquid insects hammers
    & thin nails the feet of
    birds eagle feathers & claws
    machine parts chrome
    teeth hair shards of
    pottery & skulls the ruins
    of our time the debris by
    a lake the gleaming
    beer cans & rust & sable
    menstrual fur

    Dance naked on broken
    bones feet bleed & stain
    glass cuts cover your mind
    & the dry end of vacuum
    boat while the people
    drop lines in still pools
    & pull ancient trout

132   from the deep home. Scales
crusted & gleaming green
A knife was stolen. A
valuable hunting knife
By some strange boys
from the other camp across
the Lake

133   I

Are these our friends
racing & shuddering
thru the calm vales of parliament

My son will not die in the war
He will return
numbed peasant voice of Orient
fisherman

Last time you said
this was the only way
voice of tender young girl

Running & speaking
infected green
jungles

consult the oracle
bitter creek
crawl
they exist on rainwater

monkey-love
mantra mate
maker of brandy

134   The poison isles
The poison

Take this thin granule
of evil snakeroot
from the southern
shore

way out miracle
will find thee

The chopper blazed over
inward click & sure
blasted matter, made
the time bombs free
of leprous lands
spotted w/ hunger
& clinging to law

Please
show us your ragged head
& silted smiling eyes
calm in fire
a silky flowered shirt
edging the eyes, alive
spidery, distant
dial lies

135 come, calm one
into the life-try

already wifelike
latent, leathery, loose
lawless, large & languid
She was a kingdom-cry
legion of lewd marching
mind-men

Where are your manners
out there on the sunlit
desert
boundless galaxies of dust
cactus spines, beads
bleach stones, bottles
& rust cars, stored for shaping

The new man, time-soldier
picked his way narrowly
thru the crowded ruins
of once grave city, gone
comic now w/ rats
& the insects of refuge

He lives in cars
goes fruitless thru
the frozen schools
& finds no space
in shades of obedience

136 the monitors are silenced
the great graveled guard-towers
sicken on the westward beach
so tired of watching

if only one horse were left
to ride thru the waste
a dog at his side
to sniff meat-maids
chained on the public poles

there is no more argument
in beds, at night
blackness is burned
Stare into the parlors of town
where a woman dances
in her European gown
to the great waltzes
this could be fun
to rule a wasteland

II

Cherry palms
Terrible shores
& more
& many more

137 This we know
that all are free
in the school-made
text of the unforgiven

deceit smiles
incredible hardships are suffered
by those barely able
to endure

but all will pass
lie down in green grass
& smile, & muse, & gaze
upon her smooth
resemblance
to the mating-Queen
who it seems
is in love
w/ the horseman

now, isn't that fragrant
Sir, isn't that knowing
w/ a wayward careless
backward glance

July 24, 1968
Los Angeles, The United States, Hawaii